基于育人视野
初中英语课堂剖析

宗 健◎主编

东北师范大学出版社

长 春

图书在版编目（CIP）数据

基于育人视野初中英语课堂剖析 / 宗健主编. — 长春：东北师范大学出版社，2021.11
ISBN 978-7-5681-8587-5

Ⅰ.①基… Ⅱ.①宗… Ⅲ.①英语课—课堂教学—教学研究—初中 Ⅳ.①G633.412

中国版本图书馆CIP数据核字（2021）第238111号

□责任编辑：石　斌　　　　　□封面设计：言之凿
□责任校对：刘彦妮　张小娅　　□责任印制：许　冰

东北师范大学出版社出版发行
长春净月经济开发区金宝街 118 号（邮政编码：130117）
电话：0431-84568023
网址：http：∥www.nenup.com
北京言之凿文化发展有限公司设计部制版
北京政采印刷服务有限公司印装
北京市中关村科技园区通州园金桥科技产业基地环科中路 17 号（邮编：101102）
2021年11月第1版　　2022年3月第1次印刷
幅面尺寸：170mm×240mm　印张：13　字数：234千

定价：45.00元

编 委 会

主　编：宗　健

编　委：王春明　于平英　石君华　杨泳春

　　　　李小玲　林韫青　马夏琳　王　艳

　　　　赖文翠　陈端仪　李翠丹　景艳敏

党的十八大报告首次提出，要坚持把"立德树人"作为教育的根本任务，把思想政治工作贯穿于教育教学的全过程，实现全员育人、全程育人、全方位育人。立德树人就是要坚持中国特色社会主义教育发展道路，坚持社会主义办学方向，以凝聚人心、完善人格、开发智力、培育人才、造福人民为工作目标，培养一代又一代拥护中国共产党的领导和我国社会主义制度、立志为建设中国特色社会主义事业奋斗终生，德、智、体、美、劳全面发展的社会主义建设者和接班人。教书育人、立德树人是教师最根本的责任，教师应该把这种责任落实到平凡、普通、细微的教育教学活动中去。在平凡的教学过程中，真正做到以文化人、以德育人，不断提高学生的思想水平、政治觉悟、道德品质、文化素养，做到明大德、守公德、严私德。教师要在课程教学过程中播下思想的种子，引导和帮助学生把握好人生方向。努力做到每一堂课不仅传播知识，而且传授美德，让社会主义核心价值观的种子在每个学生的心中生根发芽。

    新课程标准也要求各学科有机渗透社会主义核心价值观，发挥课程在立德树人中的龙头作用。英语作为一门基础学科，其课堂教学也是"立德树人"的主阵地。广东省宗健名师工作室成员在工作室主持人宗健老师的引领下，积极响应习近平总书记的号召，在英语课堂教学实践过程中，经过三年的摸索，探究了人教版*Go for it*七年级至九年级共五本教材的课堂教学设计怎样融入"立德树人"的主旋律，对教材内容有补充、有拓展、有延伸，不仅淋漓尽致地体现了用英语这门课程的工具性来做事情，让学生在学习实践中体会到英语这门语言的实际用途，而且体现了英语这门课程的人文性，让学生在英语学习的过程中升华思想、开阔视野、培养他们跨文化的思维意识、引导他们建立文化自信。

    所谓"浇花浇根，育人育心"，广东省宗健名师工作室主持人宗健老师及成员摸索出了以"立德树人"为根本任务的一整套教材的补充内容，在一节又一节的英语课堂教学实践活动中逐步渗透，让学生通过非思政课的课堂潜移默化地开阔眼界、陶冶情操、增长才干、提高能力。帮助学生在学习过程中树立了正确的世界观、人生观和价值观，并把爱国情、强国志和报国热情融入为实现中华民族伟大复兴的奋斗之中。本研究是宗健老师及其工作室成员三年的教学沉淀和教学智慧的结晶，具有原创性和很强的可操作性，因而有一定的推广价值。尤其是对教材的补充和各种课堂任务的设置，对当前教与学，促进初中英语教师专业能力，有较好的借鉴和推广作用。

目录 CONTENTS

人教版*Go for it!* 九年级全册

第一章

教材发展需求

一、对基础教育英语课程教材的反思

在当前课程目标转变的大框架下，我们对于国内基础教育外语课程教材内容、结构、难度的变化发展是否遵循学生的认知成长规律、教育教学的规律和经济社会发展的规律做出以下思考：

（1）从纵向发展历程看，外语教学内容从纯语言知识，尤其是语法知识的教授发展到如今越来越结合语言在学生现实生活中的使用情境帮助他们理解语言知识，这一转变比较遵循学生从具体的形象思维渐进至抽象思维的认知成长规律。另外，从早年的侧重外语阅读、写作和翻译到如今听、说、读、写（具体落实到微型技能）的全面训练也越来越有利于学生的体验式学习和动手能力的培养。虽然最新版的课程标准已经明确提出：学习外语的同时发展学生心智和思维能力，但应该如何系统地落实到具体的教材编写、课堂教学和评估中却没有清晰的指引，还有大量研究和实践工作要做。

（2）外语课程的结构经历了诸多变更：有时仅高中开设，有时初、高中同时开设，有时小学、初中、高中同时开设；学制也是二年、三年、四年、八年不等，始终缺乏长期和稳定的课程规划，以致教材的编写和教学进度难以衔接。我国最新的英语课程标准正努力在编写体例和目标要求上做到从小学到高中的整体连贯，各个阶段之间的差别和典型性表征虽然在文字表述上有所体现，但如何在教材编写和测评中真正实现"一条龙"式的衔接，还缺乏理论研究和大量的实践性探讨。

（3）至于外语教材的难度变化，人们往往从关注外语的词汇量入手。然而数十年来，初、高中的外语词汇量时增时减，高中词汇有时高达5000个，有时低至3000个，初中词汇有时2000个，有时1600个，但是却从未有过清晰的科学依据。其实词汇仅仅是衡量语言难度的指标之一，词汇量的多少或语法结构的复杂程度，即现有对知识结构的难易度的描述和划分并不直接与学生认知发展过程一一对应，所以教学内容的难易主要是看学生在理解语言意义的时候要用到的背景知识，而非简单地背了多少个单词。教育教学的规律之一是：学生的年龄特征是进行教育和教学的依据，而教育又能促进学生的身心发展，所以简单地按语言的系统学科知识编写外语教材不能适应学生的认知发展需求。

基于以上反思，我们得出以下结论：只要我国坚持对外开放的国策（这一点与外语学科特别相关），只要我国政府将主要任务放在发展经济、改善民生上，基础外语教育就会有大的发展。当然，对外开放不等于全盘照搬国外的经验，发展经济也不等于把外语仅作为一种经济工具，唯一不变的是永远把人的全面发展放在教育的第一位。

二、传统教材与现代教材的特征对比

中小学外语教材从单纯的语言知识体系转向语言知识、语言技能、社会文化和思维发展等多维知识的综合呈现。将国内学者贾巍、周龙对传统的、基于语言结构系统的中小学外语教材和现代的、基于杜威的体验式学习理念编写的教材进行对比之后归纳出不同时代教材的变化特征列表，可以看出当代教材改革的历程（表1）。

表1 传统外语教材与现代外语教材的特征对比

内容	传统外语教材	现代外语教材
语法	1.严格按照语法著作的内容来编写教材。 2.按照语法书的描写顺序来编写教材。 3.有严格的先后顺序，如"动词的过去时态"必须在"动词一般现在时"之后才让学习者接触	1.以学习者是否在完成某个交际任务时需要某个语法点来选择语法教学内容。 2.按照学习者认知发展规律来安排教学内容。 3.没有严格的语法知识点顺序，任何语法知识点只要学习者需要，并且具备体验的条件就可以实施教学
词汇	1.根据词汇是否常用决定取舍，使用频率高的词先学，使用频率低的词后学。词频统计是主要的参考依据。 2.词汇扩展依据句型而定，如果有句型替换练习，就安排词汇扩展；如果没有句型替换练习，就没有词汇扩展	1.根据学习者的心理需要和社会需要决定词汇学习先后分布，词汇频率仅作为参考。 2.根据主题的需要进行词汇扩展，鼓励学习者根据意义联想建立"词汇网络"
语音	1.按语音结构单独安排语音教学。先学音标，后学词汇，然后学语调。 2.以模仿、机械操练为主	1.根据交际语句学习语音，先注重交际效果，然后注重语音音素和语调控制。 2.在有意义的语言输出中练习语音语调
课文选材	1.根据语法教学的要求编写故事，严格控制词汇和语法知识，不惜牺牲话语、语体、人物、场景等的要求。 2.强调通过学习课文获得语言知识，不考虑学习者认知的发展，不强调知识的获取。在情感、内容和语言三个方面，只对语言有明确要求，有时兼顾情感要求，对内容不做要求	1.以内容、主题为主要依据，判断选文是否符合主题要求，是否能提供语言活动和任务的设计空间。对语法和词汇控制很少。 2.首先强调通过课文学习获得认知发展，在此基础上保证语言习得。内容和语言同有要求。强调课文具有体验功能，要求学习者在情感、知识和语言三方面有明确的收获

内容	传统外语教材	现代外语教材
语言技能	1.听力训练以机械式的对话或课文为主。 2.口语训练以机械式口语小对话为主。 3.写作训练讲究从字、词、句到段落的顺序。 4.大量阅读训练，鼓励多读经典文学作品	1.对听、说、读、写不做机械的区分，视任务的性质决定以某项技能训练为主。 2.强调语言技能之间的自然转换，根据交际需要、情景需要、任务性质在听、说、读、写之间变换。 3.强调多任务操作能力的训练，如读写结合、听说结合、听写结合、说写结合等
练习设计	1.以简化认知过程、多次重复记忆练习为主，如单句、单项练习。 2.很少训练解决问题的策略。 3.大量翻译对比练习，大量句子改写练习，不讲究思想的原创性。 4.和学生生活几乎没有关系。 5.强调模仿名人名家的优美语言。 6.不强调思想的独特性，但求语句"漂亮"	1.强调学习者探究、反馈、批评、独立思考。 2.训练学习者采用各种学习策略来解决问题。 3.少量翻译练习和句子改写练习，讲究思想的原创性。 4.和学生生活密切相关。 5.强调自我，但同时符合规范的语言产出。不强调模仿名人名家的优美语言。 6.语言讲究简洁明了、交际有效，追求个性化的思想和表达方式
教学要求	教学目标设为下列三个等级： ①理解；②记忆；③应用	教学目标设为下列五个等级： ①理解；②记忆；③应用；④综合；⑤评价
实物	课本（学生用书、教师用书、练习用书）、录音、录像	课本（学生用书、教师用书、练习用书、挂图、练习任务单）、录音、录像、视频、网络、语料库

对比表1中左右两栏的特征不难看出：传统教材关注的主要是语言知识，尤其是语法系统知识，词汇语音知识和课文都围绕着语法知识转；而现代教材则处处强调学习者的社会和心理需求及围绕现实生活话题的有意义语言交际技能。传统教材的选材内容崇尚先人、名人名语，现代教材则更关注自我和个性

化的思想表达。传统教材倡导的主要是记、背与重复操练等教学方式和简单思维训练；现代教材则倡导体验式学习和探究、反馈、批评、独立思考、原创等高级思维训练。至于与纸质课本配套的资源更使如今的教材前所未有的丰富、多样化和立体化。现代教材的这些特征反映了全国中小学外语教材的改革趋势，其中最关键的一点就是对教材观念的转变，即"教材不是知识的载体，而是要用教材这个载体培育人和发展全人"。

三、教材使用中出现的主要问题与分析

1. 单元内容整合教学缺乏主线意识，不利于学生进行主题意义探究

在实际教学中，不少教师缺乏单元整体备课的意识，尤其缺乏基于主题意义主线的备课意识。其结果是教师选择的教学内容比较零散，没有设计一条贯通整个单元教学的主线；对每个板块的语篇所蕴含的主题意义也挖掘得不够深入，未能引导学生探究语篇的主题意义。其实，教材中的Section A、Section B和Self-check都是按照一定的主题语境组织起来的，每个板块的教学内容都是单元大主题的一部分。所以，教师在进行单元整合设计时不仅要考虑本单元所呈现的教学内容，还要关注其育人价值。

2. 阅读教学过于碎片化和肤浅化，对学生思维品质的培养不足

在使用教材时，不少教师对阅读教学的处理仍存在碎片化和肤浅化的问题。所谓碎片化，主要指学生获得的语篇信息是支离破碎、不成系统的，学生无法形成对语篇内容的整体理解。所谓肤浅化，是指阅读理解的思维层次不够深入，学生获得的语篇信息多为表层信息，只需要用眼睛寻找问题答案，不需要用大脑进行深层思考。导致碎片化和肤浅化的主要原因是有些教师只是把课文看作语言点和信息点的集合体，没有从语篇角度出发设计阅读教学。

一些教师甚至认为阅读教学就是帮助学生理解课文内容并学习相关语言知识。然而，真正的阅读教学不仅要求学生理解单词和句子的意思，更要求学生从语篇的角度去理解文本意义，而文本意义有表层的也有深层的，更有言外之意。教材呈现了非常丰富的语篇形态，每一种语篇形态都具有其独特的交际功

能。对教师来说，从语篇的角度去教阅读势在必行；对学生来说，阅读理解不能仅靠快速地浏览文本。教师应引导学生静下心来，通过文本解读的方式深入理解文本、构建意义。

除此之外，导致阅读理解肤浅化的另一个重要原因是教师缺乏培养学生思维品质的意识，这是因为教材没有突出阅读与思维的结合部分。根据布卢姆的认知目标分类学可知，人的认知过程包含记忆、理解、运用、分析、评价和创造六个层次。在大多数阅读教学中，教师都比较重视学生的记忆和理解，一部分教师会帮助学生到达运用的层次，但是只有少数教师能引导学生达到分析、评价与创造的高阶思维层次。如果教师在阅读教学中只是设计一些记忆和理解性的问题，那么学生的阅读理解必定是肤浅的。

3. 日常教学缺乏真实语境的创设，学生的语言表达动机不够强烈

教材非常重视对学生语言运用能力的培养，而语言运用能力的培养离不开真实的语言输入和语境设置。在日常教学中，一些教师不太关注语境设置，尤其是语言表达的语境设置，导致学生缺乏语言表达动机，不愿意参与语言表达活动，或者参与表达的层次很肤浅。例如，在写作教学中，教师往往会告诉学生写什么（what），有些教师也会告诉学生怎么写（how），但很少有教师会告诉学生为什么写（why），由此导致学生写出来的文章比较模式化，缺乏个性化，缺乏真情实感，也不太符合交际语境的表达方式和语言选择。为什么一些教师不太关注语境设置呢？究其原因，是他们还没有从语言知识教学走向语言运用能力培养，更没有走向英语学科核心素养的培养。

其实，不论是《义务教育英语课程标准（2011年版）》还是教材都非常强调对学生语言运用能力的培养。课程标准指出：语言知识包括语音、词汇、语法、语篇和语用知识。语音、词汇和语法是语言的本体性知识，语篇和语用则是语言运用方面的知识。

四、对使用教材的几点建议

1. 树立主题意识

首先，课程标准将课程内容分为六个要素，分别是主题语境、语篇类型、语言知识、文化知识、语言技能和学习策略。其中，主题语境位于课程内容六要素之首。课程标准还明确指出："学生对主题意义的探究应是学生学习语言的最重要内容。"

其次，教材编写的思路也同样体现了以主题为引领的教学思想。每个单元都有一个大主题，每个板块也都有一个小主题，这些小主题都是围绕单元大主题展开的。

除此之外，教材的活动设计和语篇内容都在不同程度上强化了对主题意义的理解与探究。所以，教师需要树立主题意识，避免语言教学的空壳化和碎片化。那么，如何树立主题意识呢？

第一，教师要认识到主题内容和主题意义的区别。不少教师认为以前的教学也有主题，为什么现在那么强调主题呢？其实，以前教师重视的大多是主题内容，而不是主题意义，教学的结果往往是"有主题，无意义"。主题内容是关于某一主题的知识性内容，包括文化知识和科学知识，而主题意义则是指某一主题的内涵、意义与价值。就阅读教学而言，如"What is the text mainly about？"这样的问题是指文章的主题或主旨大意，主要关注主题的内容层面。

第二，一节课的设计要突出主线意识，即主题脉络。就像交响乐一样，一节课应当有作为主旋律的主题意义。一节课的每一个活动都应当为同一主题（如学习、理解、阐释、表达）服务。不同的活动应相互关联，能够体现一定的层次性和逻辑性，如从语言学习到语言运用，从主题内容的学习到主题意义的探究。例如，阅读课要让学生理解作者真实的写作意图和写作目的。所以，阅读教学要引导学生通过作者提供的主题知识和内容理解作者的写作意图、立场、观点等。

第三，教师还要让学生体会并感悟作者在文章中传达出来的情感和情绪，感知文章的"温度"，与作者互动，产生情感共鸣。

2. 树立语篇意识

语篇类型是英语课程内容六要素之一，英语学习活动也必须依托语篇才能实施。课程标准对语篇的定义是："语篇是表达意义的语言单位，包括口头语篇和书面语篇，是人们运用语言的常见形式。就其长度而言，较短的语篇可以是一句话甚至一个单词，而较长的语篇可以是一本书甚至几本书。"语篇之所以成为语篇，必定有其特征。De Beaugrand和Dresslar指出语篇应具有七项标准：衔接性、连贯性、意图性、可接受性、信息性、情景性和跨篇章性。语篇最为重要的特征就是衔接性和连贯性。衔接是语篇的表层结构，是构成篇章的基础，也是语篇的有形网络。它主要靠语法手段（如照应、替代、省略等）、词汇衔接（如复现关系和同现关系）、逻辑连接等衔接手段来实现。连贯是语篇的底层结构，通过逻辑推理来达到句与句之间、段与段之间在语义上的上下连接与贯通。连贯是无形的，却是构成篇章必不可少的条件。

树立语篇意识，对于阅读教学的意义尤其重大。阅读课应当是外语教学中最为重要的课型，树立语篇意识首先能帮助教师克服许多日常阅读教学中的低效行为，有助于改变语言知识教学与课文教学"两张皮"的现象。不少教师在教授课文的语言知识时，会先将语言知识从课文中抽离出来单独教学。这种教学模式会导致语言知识碎片化，既没有主题内容，也缺乏具体语境，给学生在理解和记忆层面造成困难。如果教师能够结合课文主题和课文语境来开展语言知识教学，学生的学习效果就会好得多。

其次，树立语篇意识能够帮助解决学生阅读理解肤浅化的问题。不少教师在上阅读课时往往只关注一些重点信息而不关注信息之间的逻辑关联，导致学生在阅读理解中"只见树木，不见森林"。其实，教师在阅读教学的过程中不仅要引导学生理解语篇的关键信息，还要帮助他们构建信息网络，将零散的信息结构化，如可以采用思维导图、填写表格、整理时间轴、对事件进行排序、判断因果关系等方式。

语篇理解不仅要理解表层信息，也要理解深层信息，所以教师要引导学生从read the lines到read between the lines，最后到read beyond the lines。

总之，树立语篇意识就是把一篇文章看作立体的，不是用放大镜去寻找语言点、信息点和考点，而是用透视镜去考查这篇文章的"文本生态"。一篇文章不是僵死的文字组合，而是有血、有肉、有骨架、有灵魂的意义表达，具有语境、语意和交际功能。因此，不论是听、说，还是读、写，都应当从语篇的角度解读文本、建构意义、生成思想。

3. 树立语境意识

语篇和语境是密切关联的。凡是语篇都应该是有语境的。根据课程标准对语篇的定义，一个单词也可以构成语篇。而一个单词是否能成为语篇，取决于这个单词是否具有语境。例如，toilet这个单词，如果把它放在教科书的词汇表里或者教师把它写在黑板上，它就只是一个单词而已。但是，如果把它放在厕所门口，甚至再加上表示男女厕所的标志，那么toilet就变成了语篇，具有了交际功能，它能告诉人们这里是厕所，而不是toilet作为一个单词应该怎么读、怎么拼写、是什么意思等。

胡壮麟把语境分为语言语境（linguistic context）、情景语境（situational context）和文化语境（cultural context）。语言语境即上下文，是指语篇内部环境；情景语境是指语篇产生时的环境，事件的特征、性质和谈话的主题、时间、地点、方式等；文化语境是指作者所在的语言社会团体的历史文化和风俗人情。

4. 树立问题意识

在日常教学中，很多教师都比较注重教学活动的设计，追求活动内容的趣味性和活动形式的丰富性，却不太重视教学问题的设计，导致大多数教学问题质量偏低，多停留在低阶思维层面，教学内容碎片化、随意性较强。

教师需要树立问题意识，提高问题质量，构建问题之间的逻辑联系。提高问题质量对课堂教学来说是十分重要的。一节好课也主要是由高质量的活动和问题组成的。高质量的问题应当具有以下特征：能够引发学生思考，有不止一个答案，会使学生通过再阅读、再思考、再检查来确认，难以只用书本知识回答，不能仅用一个词甚至一句话来回答，促使学生想了解更多，激发学生的讨论和解释，等等。问题质量的高低直接影响思维品质（思维品质主要包括深刻性、灵活性、独创性、批判性和敏捷性五个方面）的培养效果。

根据课程标准的要求，英语教学应培养学生的逻辑思维、批判性思维和创新性思维能力。其中，批判性和创新性思维能力更是未来英语教学的重点。培养学生的批判性思维和创新性思维有不同的方式，其中之一就是设计开放性问题。

开放性问题没有标准答案，需要学生运用背景知识和个人经验来判断与讨论，所以学生的答案有可能是不一样的。放性问题讨论带来的课堂生成也是理想的教学资源。因此，教师在设计开放性问题时，要注意问题并不是越开放越好，设计问题要符合学生的认知水平和语言水平。

单个问题的质量固然重要，但问题与问题之间的逻辑关系也很重要。一节课，甚至一个教学环节，都是由若干不同的问题组成的。这些问题不应是零散的、没有逻辑的，而应是前后关联、逐步推进的。当下阅读教学的缺点就是课堂上教师所提的问题缺乏前后逻辑和关联，导致学生对文本的理解支离破碎。

所以，教师在设计阅读理解问题时应形成问题群，这一问题群并不一定要按照文章内容的先后顺序展开，可以按照思维从低阶向高阶的发展顺序展开。

需要特别指出的是，在设计阅读理解问题时，教师不仅要关注学生对文本内容的理解（comprehension），还要关注学生对文本内容的反应（response）。

第二章

课改发展需求

英语课程改革应全面贯彻党的教育方针，落实立德树人的根本任务，渗透社会主义核心价值观，体现全面发展的育人要求，体现外语教育的发展趋势。站在历史的新起点，以发展的眼光和瞄准国际一流的质量定位，继承发展的育人理念和行之有效的育人方法，明确立德树人根本任务，着力解决存在的突出问题及与发展不相适应的观念。

一、继承与发展

（1）培养学生综合语言运用能力和跨文化交际能力。

（2）培养学生外语素质和综合人文素养。

（3）重视学生的情感态度发展的需要。

（4）重视课程内容的时代性、基础性和选择性。

（5）建立多元开放的课程评价体系。

二、改革与创新

（1）面向大众教育的课程定位。

（2）调整共同基础与个性发展的关系和比重。

（3）坚持中国情怀、国际视野的文化品格取向。

（4）培养学生科学质疑、善于反思、积极探索的思维品质。

（5）研制英语学科核心素养体系。

（6）研制以学科核心素养为纲的课程内容标准。

（7）研制基于学科核心素养发展的学业质量标准。

（8）倡导指向学科核心素养发展的英语学习活动观。

（9）强化基于学科核心素养发展的教学与评价的指导性。

三、体现新要求

（1）体现党的十九大关于加快教育现代化、办好人民满意教育的要求。

（2）体现英语教育的国际发展趋势。

（3）体现学科核心素养发展的育人导向。

（4）体现全面发展和有个性发展的需求。

（5）体现内容的时代性、基础性、选择性和关联性。

（6）体现基于核心素养发展的学业标准和评价标准。

（7）体现"适用、好用、管用"等原则。

（8）体现中国特色和国际一流水平。

第三章
课程目标要求

英语课程总目标：全面贯彻党的教育方针，培育和践行社会主义核心价值观，落实立德树人根本任务，在义务教育的基础上，进一步促进学生英语学科核心素养的发展，培养具有中国情怀、国际视野和跨文化沟通能力的社会主义建设者和接班人。

英语课程总目标要旨：培养具有中国情怀、国际视野和跨文化沟通能力的社会主义建设者和接班人。

达标关键：全面贯彻党的立德树人教育方针、培育和践行社会主义核心价值观、促进学生学科核心素养的发展。

英语课程具体目标：培养和发展学生在接受高中英语教育后应具备的语言能力、文化意识、思维品质、学习能力等学科核心素养。通过本课程的学习，学生应能达到本学段英语课程标准所设定的四项学科核心素养的发展水平。

英语学科核心素养：语言能力是基础要素，文化意识是价值取向，思维品质是心智特征，学习能力是发展条件。

语言能力的界定：语言能力指在社会情境中，以听、说、读、看、写等方式理解和表达意义的能力，包括在此过程中形成的语言意识和语感。英语语言能力是英语学科核心素养的基础。英语语言能力的提高蕴含文化品格、思维品质和学习能力的提升，有助于学生拓宽国际视野和思维方式，开展跨文化交流。

文化意识的界定：对中外文化的理解和对优秀文化的认同是学生在全球化背景下表现出的跨文化认知、态度与行为取向。文化意识体现英语学科核心素养的价值取向。文化意识的培育有助于学生增强国家认同感和家国情怀，坚定文化自信，树立人类命运共同体意识，学会做人做事，成长为有文明素养和社会责任感的人。

思维品质的界定：思维品质指思维在逻辑性、批判性、创新性等方面所表现的能力和水平。思维品质是英语学科核心素养的心智表征。思维品质的提升有助于学生提高发现问题、分析问题和解决问题的能力，以跨文化与多元视角去观察和认识世界，对事物做出正确的价值判断，进行深度学习和强化学习。

学习能力的界定：学习能力指积极运用和主动调适英语学习策略、拓宽英语学习渠道、努力提升英语学习效率的意识和能力。学习能力是英语学科核心素养的发展条件。学习能力的形成有助于学生做好英语学习的自我管理，养成良好的学习习惯，拓宽学习渠道，提高学习效率。

语言能力达标要求：具有语言意识和英语语感；在具体语境中运用已有语言知识，理解口头、书面语篇所表达的意义，赏析语篇为了恰当表意所采用的手段，有效地使用口语、书面语表达意义和进行人际交流。

文化意识达标要求：获得文化知识，理解文化内涵，比较文化异同，汲取文化精华，形成跨文化意识，发展正确的价值观和自尊、自信、自强的良好品格；具备一定的跨文化沟通和传播中华优秀文化的能力。

思维品质达标要求：能辨析语言和文化中的具体现象；梳理、概括信息，建构新概念；分析、推断信息的逻辑关系；正确评判各种思想观点，创造性地表达自己的观点，具备初步运用英语进行独立思考、创新思维的能力。

学习能力达标要求：树立正确的英语学习观，保持对英语学习的兴趣，具有明确的目标意识，能从多种渠道获取英语学习资源，有效规划学习时间和学习任务，选择恰当的策略与方法，监控、评价、反思和调整自己的学习，逐步提高使用英语学习其他学科知识的意识和能力。

知识+能力+态度：英语学科核心素养涵盖了知识、能力和态度，核心素养四要素相互渗透、融合互动、协调发展，是所有学生应具有的、学以致用的基础性综合素养，具有社会价值和个人价值，是英语课程育人的指引，也是英语学业质量综合评价的标准。

具备英语学科核心素养的综合表现：面对复杂的跨文化情境或现实生活中的问题，能够基于不同的情境，有效运用所学语言知识和学习策略，以及听、说、读、看、写等语言运用技能，主动获取文化知识，深刻理解文化内涵，善于比较文化异同，通过分析概括、整合推断、批判评价各种问题或思想观点，吸收文化精华，有理有据地提出自己的观点，创造性地解决问题。同时，在理解与交流的过程中，有效运用各种策略和方法，达到沟通与交流的目的，体现正确的价值观和自信、自尊、自强的精神。英语学科核心素养的水平划分见表1。

表1 英语学科核心素养的水平划分

素养水平	素养1：语言能力
一级	意识到英语和英语学习与个人发展、国家发展和社会进步的关系，意识到语言与世界、语言与文化和思维之间有联系；具有初步的英语语感。在熟悉的语境中，较为熟练地使用已有英语语言知识，理解多模态语篇传递的要义、主要信息和意图，辨识语篇的整体结构和文体，根据上下文推断意义；陈述事件，传递信息，表达个人见解和情感，在熟悉范围的人际交往中，尝试构建恰当的交际角色和人际关系
二级	认识英语和英语学习与个人发展、国家发展和社会进步的密切关系，认识语言与世界、语言与文化和思维之间的紧密关系；具有一定的英语语感，在理解和表达中发挥英语语感的作用。在常见的语境中，较为熟练地整合性运用已有英语语言知识，理解多模态语篇传递的要义和具体信息，推断作者的意图、情感态度和价值取向，提炼主题意义，分析语篇的组织结构、文体特征和语篇的连贯性，厘清主要观点和事实之间的逻辑关系，了解语篇恰当表意所采用的手段；有效地陈述事件、传递信息，表达个人观点和情感态度，体现意图和价值取向，在常见的人际交往中，建构恰当的交际角色和人际关系

续 表

素养水平	素养1：语言能力
三级	深刻认识英语和英语学习与个人发展、国家发展和社会进步的密切关系，深刻认识语言与世界、语言与文化和思维之间的紧密关系；具有较强的英语语感，在英语理解和表达中有效发挥英语语感的作用。在更加广泛的语言情境中，熟练地整合性运用已有英语语言知识，准确理解多模态语篇传递的要义和具体信息，推断语篇的意图、情感态度和价值取向，提炼并拓展主题意义，解析语篇结构的合理性和语篇主要观点与事实之间的逻辑关系，批判性地审视语篇的内容、观点、情感态度和文体特征，赏析语篇中精彩语段的表意手段；准确、熟练和得体地陈述事件，传递信息，表达个人观点和情感，体现意图、态度和价值取向，在较为广泛的人际交往中，建构恰当的交际角色和人际关系

素养水平	素养2：文化意识
一级	能够在明确的情境中根据直接提示找出文化信息；有兴趣和意愿了解并比较具有文化多样性的活动和事物；感知中外文化的差异，初步形成跨文化意识，通过中外文化对比，加深对中国文化的理解，增强文化自信；了解中外优秀文化，形成正确的价值观；感知所学内容的语言美和意蕴美；能够用所学的英语简单介绍中外文化现象
二级	能够选择合适的方式方法在课堂等现实情境中获取文化信息；具有足够的文化知识为中外文化的异同提供可能的解释，并结合实际情况进行分析和比较；提高跨文化意识，在进行跨文化交流时，能够注意到彼此之间的文化差异，运用基本的跨文化交际策略；尊重和理解文化的多样性，具有国际视野，进一步增强文化自信；感悟中外优秀文化的精神内涵，树立正确的价值观；理解和欣赏所学内容的语言美和意蕴美；有传播中国特色社会主义文化的意识，能够用所学的英语描述、比较中外文化现象
三级	能够运用多种方式方法在真实生活情境中获取文化信息；基于对中外文化差异和融通的理解与思考，探究产生异同的历史文化原因；具有跨文化意识，能够以尊重文化多样性的方式调适交际策略；领悟世界文化的多样性和丰富性，具有人类命运共同体的意识；分析、鉴别文化现象所反映的价值取向，坚定文化自信；汲取优秀文化，具有正确的价值观、健康的审美情趣和道德情感；能够用所学的英语讲述中国故事，描述、阐释中外文化现象

续　表

素养水平	素养3：思维品质
一级	注意观察语言和文化的各种现象，通过比较，识别各种信息的异同；根据不同的环境条件，客观分析各种信息之间的关联和差异，发现产生差异的基本原因，从中推断出它们之间形成的简单逻辑关系；根据所获得的信息提取共同特征，形成新的简单概念，并尝试用新概念解释新问题，从另一个角度认识世界；针对所获取的信息，提出自己的看法，并通过简单的求证手段判断信息的真实性，形成自己的看法，避免盲目接受或否定
二级	主动观察语言和文化的各种现象，通过比较，识别各种信息之间的主次关系；根据不同的环境条件，客观分析各种信息之间的内在关联和差异，发现产生差异的各种原因，从中推断出它们之间形成的逻辑关系；根据所获得的多种信息，归纳共同要素，建构新的概念，并通过演绎，解释、处理新的问题，从另一个视角认识世界；针对所获取的各种观点，提出批判性问题，辨析、判断观点和思想的价值，并形成自己的观点
三级	正确观察语言和文化的各种现象，通过比较，从错综复杂的信息中识别关键问题，把握全局；根据不同的环境条件，综合分析各种信息之间的内在关联和存在的各种矛盾，梳理产生这些矛盾的原因，从中推断它们之间形成的各种逻辑关系；根据所获得的综合信息，归纳、概括内在形成的规律，建构新的概念，并在实践中，用于处理、解决新的问题，从多视角认识世界；针对各种观点和思想的假设前提，合理质疑，通过辨析、判断其价值，做出正确的评价，以此形成自己独立的思想
素养水平	素养4：学习能力
一级	认识到英语的重要性，对英语学习感兴趣，有学习动力，有学习计划，掌握英语学习方法和策略，有学好英语的决心和克服困难的意志，虚心学习并向他人求教，有较强的合作精神，了解多种获取学习资源的渠道，积极参与英语学习活动
二级	正确认识英语学习的意义；对英语学习有浓厚的兴趣和愿望；有明确的学习目标，能制订并按需调整学习计划；有稳定的学习动机；面对学习困难能分析原因并尝试解决，调节自己的情绪和情感，对英语学习有较强的自信心；能开展课外学习，能利用网络资源等扩充学习内容和信息渠道；开展自主学习和合作学习，反思学习效果并据此优化学习策略和方法，运用英语进行交流和表达

续 表

素养水平	素养4：学习能力
三级	全面和正确地认识英语学习的重要意义；对英语学习有广泛而持久的兴趣和愿望；有长远规划和明确的学习目标，按需制订、调整并优化学习计划；有强烈的学习动机；积极拓展课外学习资源，通过网络等多种信息渠道获取最新知识，并根据学习需要加以取舍；勇于面对学习困难并加以解决，主动调控心态和情绪，积极反思学习效果，对英语学习有很强的自信心和成就感；善于自主学习和合作学习，举一反三，积极争取和把握各种学习及表现机会，能运用英语进行有效沟通和交流

第四章

立德树人根本任务

一、课程教学标准

国家课程方案，中国学生发展核心素养，学科课程标准，学科核心素养，性质、理念、目标，结构、内容、学业，实施建议。

二、课程性质

英语课程是全面贯彻党的教育方针、落实立德树人根本任务、发展英语学科核心素养、培养社会主义建设者和接班人的基础文化课程。

三、英语课程"三位一体"的育人导向

贯彻党的教育方针，落实立德树人根本任务，发展英语学科核心素养。

四、英语的国际语言属性

英语是国际交流与合作的重要沟通工具，是当今世界广泛使用的国际通用语言，是多元思想与多元文化的重要载体。

五、学习和使用英语的意义及作用

学习和使用英语可以增进中国与其他国家的相互理解与交流，借鉴外国先

进科学技术，传播中华文化，汲取人类优秀文明成果。

六、初中英语课程的特点

（1）在小学基础上学习和运用英语语言。

（2）与小学阶段的英语课程相衔接。

（3）为学生继续学习和终身发展打下良好的基础。

七、英语课程的工具性和人文性特点

1. 工具性

（1）学习和运用英语基础知识与基本技能，发展跨文化交流能力。

（2）学习其他学科知识，汲取世界文化精华，传播中华文化。

（3）为继续学习和职业发展提供更多的机会。

2. 人文性

（1）树立人类命运共同体意识和多元文化意识。

（2）形成开放包容的态度，发展健康审美情趣和良好鉴赏能力。

（3）加深对祖国文化的理解，增强爱国情怀，坚定文化自信。

八、为未来做准备

（1）为未来参与知识创新和科技创新奠定基础。

（2）为适应世界多极化、经济全球化和社会信息化奠定基础。

九、课程理念

课程理念1：发展英语学科核心素养，落实立德树人根本任务

（1）英语课程具有重要的育人功能，旨在发展学生的语言能力、文化意识、思维品质和学习能力等英语学科核心素养，落实立德树人的根本任务。

（2）实施英语课程应以德育为魂、能力为重、基础为先、创新为上。

（3）逐步提升跨文化沟通能力、思辨能力、学习能力和创新能力，形成正确的世界观、人生观和价值观。

课程理念2：构建英语共同基础，满足学生的个性化发展需求

通过必修课程为所有学生搭建英语学科核心素养的共同基础，使学生形成必要的语言能力、文化意识、思维品质和学习能力，为学生升学、就业和终身学习构筑发展平台。

遵循多样性和选择性原则，根据学生的心理特征、认知水平、学习特点及未来发展的不同需求，开设丰富的选修课程，满足学生的个性化发展需求。

课程理念3：实践英语学习的活动观，着力提高学生学以致用的能力

（1）倡导指向学科核心素养的学习活动观。

（2）倡导自主学习、合作学习、探究学习等学习方式。

（3）设计具有综合性、关联性和实践性特点的英语学习活动。

要求学生在活动中：

（1）获取、阐释和评判语篇意义。

（2）表达个人观点、意图和情感态度。

（3）分析中外文化异同。

（4）发展多元思维和批判性思维。

（5）提高英语学习和实际运用语言的能力。

课程理念4：完善英语课程评价体系，促进核心素养有效形成

建立以学生为主体，促进学生全面、健康、有个性发展的课程评价体系。关注学生在英语学习过程中表现出来的情感、态度和价值观等要素。引导学生学会监控和调整自己的英语学习目标、学习策略、学习方式与学习进程。课标提出了"完善英语课程评价体系，促进核心素养有效形成"的理念，同时提出要处理好"教、学、评"的关系，以达到"以评促教、以评促学"的目的。在初中英语的教学实践中，教师往往轻视形成性考核，甚至出现评价失当的现象，不利于学生核心素养的培养，所以建立一套科学的形成性考核机制势在必行。评价应聚焦并促进学生英语学科核心素养的形成及发展，采用形成性评价与终结性评价相结合的多元评价方式，重视评价的促学作用。

课程理念5：重视应用现代信息技术，丰富英语课程学习资源

（1）重视现代信息技术背景下教学模式和学习方式的改变。

（2）充分利用现代信息技术和资源。

（3）促进信息技术与课程教学的深度融合，科学组织和开展线上、线下混合式教学模式。

（4）充分发挥现代教育技术对教与学的支持和服务功能。

（5）选择恰当的数字技术及多媒体、智能化手段。

（6）确保新技术的应用有助于有效学习。

（7）确保新技术的应用有助于促进学科核心素养的形成与发展。

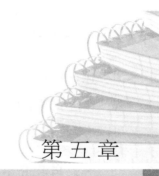

第五章

实践案例分析

人教版*Go for it!* 七年级上册

我型我秀

——以七年级上册Unit1 *My name's Gina*为例

*My name's Gina*是人教版七年级英语上册的第一单元，主题是making new friends（交新朋友），其主要功能是introduce yourself（自我介绍）。教师要让学生在自我介绍中了解和掌握问候他人与询问他人姓名的方式。学生通过听、说，在自我介绍的过程中充分展示自己，了解新朋友，融入新集体，为今后的合作学习打下良好的基础。

七年级学生在小学已经学过自我介绍了，对如何用英语打招呼和介绍名字已经非常熟悉。那么，如何在熟悉的话题中让学生"温故而知新"，尽快适应初中英语课堂，是英语教师们亟须解决的问题。

英语课程标准以发挥学生的学习主体地位和作用为出发点与落脚点，关注学生的主观能动性和潜能的激活。建构主义理论强调：学习不仅是知识的学习，还是学习能力和智慧的学习，是学生与外部相互作用进行主动建构的过程，在这个过程中学生已有的只是经验。所以笔者认为，在这个单元中，教师可以给学生搭建一个"我型我秀"的舞台，让他们真正成为课堂主角。

一、自我介绍，秀口才

课程标准指出，英语课程应以德育为魂、能力为重、基础为先、创新为上。刚步入初中校门的学生对初中的生活既是好奇的，又是迷茫的；对青春期既是憧憬的，又是惶恐的。教师在落实立德树人任务时，首先要让学生学会认识自己。认识自己是通向智慧大门的钥匙，也是一个人自我成长的目标。本单元中，教师可以在Section A中创设自我介绍的舞台，让学生主动登台介绍自己。教师可让学生在课前设计一个Name Card，可从姓名、电话、年龄、毕业小学、微信号、爱好等个人基本信息方面入手。课堂上，因为时间有限，学生先在小组内做自我介绍。大部分学生都能在Name Card的基础上，有针对性地运用目标语言进行表达。教师在巡视时，可以补充一些语言，如Would you like to be my friend? I want to make friends with you。在第一轮练习的基础上，很多学生都能主动登台，向全班同学介绍自己，主动邀约朋友。这有助于他们融入新的环境，开启新的生活。

二、小组比赛，秀能力

在Section A自我介绍这一环节，学生已经对自己和同伴的基本信息有了认识，但这只是表面的认识。到了青春期，教师应引导学生用全面发展的眼光看待自己。既要认识自己的外在信息，又要认识自己的内在素质；既要认识自己的优点，又要学习别人的长处。

初中英语课程倡导指向学科核心素养的英语学习活动观。因此，在Section B的教学中，教师可设计一个group work（小组活动）：I can do it。小组之间竞争，让每个学生都秀出自己的能力：I can run. I can sing. I can play the guitar. I can help my mother to do housework。每个学生都有自己的优点和闪光点，在活动过程中，教师要用敏锐的眼光及时发现学生的闪光点，适当表扬；更要捕捉到没有发言的学生，鼓励其说出自己能做的事情，树立他们的自信心。

三、情景小品，秀才艺

课堂作为学生展示技艺的舞台，应是"以学生为中心"的乐园。教师在课堂教学的拓展部分，可鼓励学生自编自演情景小品，帮助他们在主动开阔视野的基础上，获得更丰富的认知，锻炼他们的思维品质。例如，在Section B 的 post-reading中，教师不妨结合当前非常受欢迎的*Talent show*，让学生以小组为单位，一人为选手，其余三人为面试官，鼓励他们自由组织和演绎对话。通过扮演不同角色，作为选手的学生能秀出自己的才艺和自我表达能力，作为面试官的学生能在"What's your name？""How old are you？""What can you do？"等问题中学会创新思维，学会欣赏他人。

"我型我秀"的英语课堂，不仅能使课堂具有一定人文性和趣味性，更有利于学生在不断深化交流的基础上深化对自我的认识，使学生在自主学习、主动展示的过程中学会欣赏自己和他人，形成自尊、自信、自强的良好品格，也为学生进一步融入初中生活奠定了基础。

爱家庭，促成长

——以七年级上册Unit 2 *This is my sister*为例

家庭是人生的第一所学校，是一个人生存、成长、发展的摇篮，也是一个人思想成熟、精神成长、价值观形成的源头。家庭教育是人生教育的第一课，是学校教育、社会教育的基础，青少年世界观、人生观、价值观的形成始于家庭教育，健全人格的形成也始于家庭教育。我国不仅有数千年延续、积淀的重视家庭教育的优秀传统，而且积累了丰富的家庭教育资源，但随着多元、多样、多变时代的到来，在各种思潮的冲击下，良好家庭教育的传承面临断流的危险。

当前，一些学生存在压力与厌学、焦虑与嫉妒、自信心与安全感不足、适应能力差等心理问题，主要原因是家庭教育方式失当，家长素质不高，这需要引起社会、家庭、学校的重视。教师需要帮助学生发掘和理解家庭教育，激发学生对家庭的爱，引导学生传承家庭文化精髓，促进他们成长。正如著名作家杨绛先生所说，好的家庭，好的教育，才能有好的孩子。

七年级上册Unit 2的主题是家庭，围绕"人物关系"展开话题。Section A是让学生通过听说活动学会用正确的词汇和句型说明人物关系，其中中英文对人物关系表述的不同对于学生来说是难点，这需要思维的转换；Section B让学生进一步学习与运用相关词汇和目标语言，介绍自己的家庭成员，辨别他人的家庭成员，同时强调语言的运用，培养学生的语篇意识。整个单元的知识内容对于大部分七年级学生来说难度并不大，通过本单元的学习，学生能够学会比较文化异同，逐步形成正确的价值观。七年级学生正处于身心发展不稳定的青春期，这个时期也是他们基本道德品质形成的最佳时期，是基本观念发展的最佳时期，可塑性很强，因此，笔者在本单元的英语教学中渗透了家庭和尊老爱幼教育。

一、认识家谱，传承文化

目前，中国三代同堂的家庭变少，家庭的结构变小，学生对家庭成员及其关系的认识处于比较混乱的阶段。在英语教学中，可以让学生了解父亲或母亲的家庭成员，画出父亲或母亲的family tree，并向同学介绍自己父亲或母亲的家庭，然后再对自己的家庭和父亲或母亲的家庭进行比较，这样可以让学生更好地认识家庭、理解家人，这也可以让学生进一步了解中国传统意义上的家谱。家谱中最重要的内容，就是说明一个家族的成员。中国的家谱一般都有家规族训，对于规范人生和教育子弟有着积极的意义，滋养了后人的美好品质，这对于文化的传承有着积极的意义。

二、中西差异，求同存异

通过语篇的拓展阅读和相关的诗歌朗诵，比较中西方文化中家庭的区别。中国的家庭观念重视血亲关系，有父母和子女组成的核心家庭，也有三代同堂的延伸家庭；在西方国家，核心家庭占主导地位，延伸家庭少之又少。中国家族意识较强，尊老爱幼是中国的优良传统，战国时期孟轲就提出了"老吾老，以及人之老；幼吾幼，以及人之幼"，老人往往会格外受到尊重与尊敬；西方国家家族意识较淡薄，以个人主义为核心，赞扬个人价值，提倡个性自由发展。中国父母与子女的相互依赖感比较强，而西方国家父母和孩子的独立意识较强，父母和孩子之间的称谓也比较随便一些。当然随便不是随意，讲究礼貌是相通的。这就需要学生在学会文化知识的同时，学会比较文化异同，吸收和传播我国优秀的传统文化，理解、批判和接受外国文化，形成正确的价值观，坚定文化自信。

法国著名思想家卢梭曾说，幸福家庭是培育孩子成人的摇篮。家庭是文明的核心，教育始于家庭，而核心素养的形成也不可能一蹴而就，它具备终身连续性，有些素养需要长期渗透才可能形成，而且要渗透于家庭，渗透于教育的全过程。因此，我们应因材施教，家校合力，坚持不懈，将核心素养的培育真正落到实处。

珍惜资源，戒奢以简

——以七年级上册Unit 3 *Is this your pencil?* 为例

唐代诗人李商隐在《咏史二首·其二》中写道："历览前贤国与家，成由勤俭破由奢。"它的意思是纵览历史，凡是贤明的国家，成功源于勤俭，衰败起于奢华，揭示出了政权成败的关键。党的十八大以来，多次提倡"厉行节约、反对浪费"。可见，勤俭节约是修身治家的美德，也是中华民族的优良传统。

在日常生活中，浪费现象较常见。不仅是浪费粮食，学生对学习用品、学习资源的浪费也屡见不鲜。有的学生丢三落四，经常丢掉文具，只能重新买；有的学生本子写了两页就随手撕掉折飞机了；书包还好好的，不喜欢就扔掉；买过的书，看两页觉得无趣就扔了；有的学生家里，学习机、复读机、iPad一大堆，却只是摆设。以让这些行为都是浪费。

七年级上册Unit 3 *Is this your pencil?* 的单元主题是识别物品的所属，同时引导学生通过实物演示、对话模拟、小组合作学习的学习策略，解决类似问题（失物招领、寻物启事）。对于七年级的学生来说，这一话题非常熟悉，在小学已经有很好的基础。本单元是培养学生珍惜资源、戒奢以俭的好契机。为此，笔者在教授本单元时，在班上做了两件"大"事。

（1）设立"Lost and Found Case"（失物招领箱）。在授课之前的一个星期，笔者就在班上设立了一个失物招领箱。令人惊讶的是，设置不到两天，箱子就快堆满了。里面都是学生们捡到的各种东西：笔、橡皮、尺子、钥匙、不写名字的本子等，五花八门，应有尽有。有的东西，放置了几天都无人认领。于是在讲授这个单元时，这个箱子就是笔者的"百宝箱"。在第一个课时，笔者就向学生展示箱子里的物品，进而导入词汇教学，通过情境化教学手段，激发学生语言表达的欲望。利用生活中常见的物品也能够使枯燥的单词变得形象直观，让单词和情境合二为一。在第二个课时——"辨识物品的所有者"这一教学目标上，同样可以用这一"百宝箱"进行游戏——"Find the Owner"，让学生们找到物品的所有者。笔者把学生分为若干个组，每个组分配一件物品。每个人有一次询问的机会。在这一过程中，所有的学生全程参与，丢了东西的学生为找回物品而开心，也为自己丢三落四的习惯而不好意思；其他学生为自己能够帮助别人找到物品而获得了成就感，也不会对箱子里的东西视而不见。

（2）举办一次"Yard Sale"活动。这是一次简易版的旧物交易活动。学生们把自己闲置的、废弃的物品拿到学校来，在交换双方达成协议的前提下买卖物品，使物品各尽其用。学生们都十分兴奋，纷纷找出自己闲置的文具、衣物、玩具等。针对七年级学生的特点，笔者让学生在每一个物品上都贴个标签（表1），使其他学生清晰地知道这是什么东西及所属人是谁。学生看到自己心仪的物品，便会找到物品所有者，有目的地进行语言输出：Is this your _____? How much is it?

表1 引导学生制作物品标签

What:	a pen bag
Whose:	Rebecca's

活动结尾，买到心仪物品的学生在班上进行分享，如"I bought a pen bag today. It's Rebecca's. I like it because there is a superman pattern on it. It's five yuan."还可以让学生谈谈自己的感受和体会，加深对珍惜资源、戒奢以俭的理解。

在与学生交流的时候，笔者发现他们不清楚国家的"刺激消费"与"戒奢以俭"政策到底矛不矛盾。我们可以采用STEAM的教育理念，利用跨学科合作，通过自主探究来解决这一问题。在周末的实践作业中，笔者布置了一项"Grown Not Throw"的手抄报作业。学生从"what、why、how"三个方面对比刺激消费与反对浪费的区别。许多学生上网查找相关数据（包括消费数据、粮食浪费数据等），知道了刺激消费是消费升级，是满足人民群众日益增长的物质精神需求。而浪费，表面上浪费的是钱，实际上浪费的是宝贵的资源。

好习惯成就好人生

——以七年级上册Unit 4 *Where's my schoolbag?* 为例

　　教育学家陶行知说过，教育就是培养习惯。良好的学习和生活习惯，是学生健康发展、可持续发展和终身发展的基础。对于刚踏入初中门槛的七年级学生来说，他们来自不同的学校、不同的家庭，从幼儿园到小学，他们已经养成了不少好习惯或者坏习惯。他们的行为习惯就像是一棵未经过修剪的幼苗，如果教师不适时修枝剪叶，这些幼苗就难以长成大树了。

　　七年级上册Unit 4 *Where's my schoolbag?* 的出现，给了英语教师在课堂教学中培养学生好习惯及积极向上的情感、态度和价值观的好契机。本单元以my schoolbag为中心话题，围绕描述schoolbag的方位展开，学习和运用一般疑问句与特殊疑问句。笔者认为本单元的话题非常贴合学生的实际生活，教师可以跳出schoolbag这个话题的束缚，运用情境教学法，设置多种真实生活语境，这样能调动学生的兴趣，诱发学生思维的积极性，更容易调动学生已有的知识、经验和感受，从而培养学生学习和生活的好习惯，最终达到育人的根本目的。

　　语境一：丢三落四的Tom

　　在Section B 1c和1d的听力中，丢三落四的Tom让妈妈帮他把落在家里的东西带到学校。这就是一个非常真实的语境。课程标准指出，主题语境不仅规约着语言知识和文化知识的学习范围，还为语言学习提供意义语境，并有机渗透情感、态度和价值观。教师要认识到，学生对主题语境和语篇理解的深度，直接影响学生的思维发展水平和语言学习成效。因此，教师不能仅仅把1c和1d作为单纯的听力材料，还要以此为基础，给学生提供一个语言实践情境。因此，在post-listening中，教师提出"What do you think of Tom？"这一问题，学生们的答案肯定是各种否定和批评。接着，教师可以引导学生讨论"Do you have the same experience as him? How do we avoid forgetting to bring them next time?"忘记带东西在日常生活中挺常见的，尤其很多马虎的学生经常忘带作业等。如何避免才是我们要引导学生思考并改进的。

语境二：妈妈的叮咛

Section A 2d是一个真实语境的角色扮演，内容为母子两人出门前，丢三落四的儿子到处找东西，尤其是最后找不着的帽子，原来早已戴在了头上。这一幽默又富有深意的对话，在课堂中很好地引起了学生的兴趣和共鸣。很多学生读到最后两句"It's on your head!""Oh, yeah! Haha!"都会心一笑，大概大家都想到了细心的妈妈和因找不到东西而求救的自己吧！

因此，教师可以将这一语境延伸到现实中，设计一个pair work，让学生一人扮演妈妈，一人扮演孩子，学生大胆想象某一次出门前的对话。这一活动，不仅让学生内化了原本2d中的目标语言，也让学生感悟到了丢三落四这一坏习惯带来的后果和妈妈细细叮咛中倾注的爱。

语境三：宿舍面面观

课程标准明确指出，在以主题意义为引领的课堂上，教师要通过创设与主题意义密切相关的语境，充分挖掘特定主题所承载的文化信息和发展学生思维品质的关键点，基于对主题意义的探究，以解决问题为目的。

教师可以深入学生的宿舍，分别拍下模范宿舍和扣分严重宿舍的真实场景，也可以在家访时拍下某位学生凌乱的卧室和经过整理之后整洁的卧室。课堂上，教师呈现两张图片进行对比，学生们纷纷玩起了"大家来找碴儿"，找出目标物品（schoolbag, pencil case, hat...）的方位。接着教师提出如下问题，引发思考："Which room do you like to live in? Why? How do you keep a good habit to make your room stay clean and tidy?"很显然，学生们都喜欢整洁的房间，整洁的房间让人更舒服，更容易找到东西。学生在思考和表达中，能够深化对良好生活习惯的理解和感悟。

语言学习的过程不仅是语言知识的学习过程，更是学生形成积极的情感态度、主动思维、大胆实践、形成自主学习能力的过程。作为教师，我们要不断思考的是要培养什么样的人，学生拥有哪些优良品质和习惯才能成为合格的社会主义接班人。

美好的人生，从培养良好的行为习惯开始，尤其是在可塑性非常强的七年级。教师应告别喋喋不休的说教，告别声色俱厉的训练，使学生在真实语境中"以身体之""以心悟之"，获得主体的、内在的真实体验，这样学生方能去行动、去获取、去成长！

我运动，我健康，我快乐

—— 以七年级上册 Unit 5 *Do you have a soccer ball?* 为例

以健身强体魄，以健身连友谊，以健身谋幸福，我国于2019年出台了《健康中国行动（2019—2030年）》相关文件，全民健身的国家战略正在全面推进。健康中国目标的实现离不开全民健康，全民健康有赖于全民健身，而青少年又是实施全民健身计划的重点人群。因此可以说，没有青少年健康就没有全民健康，更难有健康的中国。

但是，目前不少中学生，从小就开始接触丰富多样的电子产品，从游戏机到电脑，再到手机、平板，电子产品的介入让他们不再热衷于户外运动，而是选择日复一日地久坐于电脑前和沙发上，其他的课余运动几乎没有。据教育部体质调研相关数据，近30年来，青少年身体素质一直在下降，尤其是运动力量、速度、爆发力及耐力等体能指标堪忧。这就造成他们对生活缺乏激情，多数青少年走上社会后也不知道如何以健康的方式来度过自己的休闲时间。教师的教学任务不仅是教会学生学会学习，更要教会学生在毕业后如何积极面对生活，追求自己的梦想。因此，帮助学生培养良好的体育素质尤为重要。

七年级上册 Unit 5 *Do you have a soccer ball?* 让学生通过学习实义动词 have（has）

在一般现在时中的用法，学习使用一般疑问句询问物品所属关系并做简略回答，学会介绍各种常见球类运动用品，同时学会使用形容词来描述体育活动，了解体育锻炼的意义。为此，在本单元的英语教学中，笔者尝试渗透体育锻炼和健康生活的教育。

一、认识运动

在学习sport这一单词时，可以设计一个头脑风暴（brainstorm）的活动，让学生说出他们知道的体育运动词汇。同时，通过图片、视频让学生了解国内外中学生常见的体育运动。在国外，不仅家长重视培养孩子的运动能力，学校教育更是如此。不少国家已经把运动作为学生日常生活中极为重要的一部分。在英国，私立学校的学生每周平均运动时间长达5～6小时，运动项目达40种，还有各种各样的体育俱乐部、周末比赛。寄宿制私立学校的学生早上6点起床跑马拉松、打橄榄球，许多走读学生也得在早上7点半到校参加足球、英式篮球的训练，课后还可以参加曲棍球、板球、网球俱乐部。学生们不仅热爱户外运动，而且多数运动能力强、身体壮。

二、理解健康

在教学过程中，还可以设计一个调查活动，让学生了解自己的同学喜欢什么运动、不喜欢什么运动及原因、是否健康等（表1）。

表1 学生运动调查

Name	I like ...	I don't like ...	Why	Healthy/ Unhealthy

通过调查活动，学生可以认识到自己和同学间的运动差异，同时了解健康是什么。观看Keep与人间世联合出品的纪录片《无常四重奏》，引发学生对运

动与健康的讨论与思考。身体健康是一切的基础，如果它是"1"的话，那剩下的所有都是"0"，如读书、学习、工作、赚钱、实现自我等。当这个"1"存在的时候，其他的"0"才有存在的意义。运动之于身体，犹如读书之于心灵。所以，教师要帮助学生树立健康的体能教育观，让身体得到最大限度的锻炼，提高身体素质，塑造完整人格，只有让自己的内心在未来生活的磨砺中逐步强大，日后才能在这个物竞天择的世界里开辟出自己的天地。

三、享受快乐

在理解了运动的好处之后，我们可以将运动与班级体育课及课后活动结合起来，设计形式多样的体育活动或比赛让学生参与，学生自主选择自己感兴趣的运动项目，全员参与。在团队活动中提高运动精神和团队精神，提升领导力，同时享受运动所带来的快乐。

这不仅是成长的魅力，也是运动的魅力，运动不仅让我们拥有健康的体魄，还磨炼我们的意志，带给我们勇往直前的信念和勇气。体育运动精神不仅是竞争和获胜，更包含了"友谊、健康、参与、娱乐"。我们呼吁人们给予体育健身更多的时间和精力，把体育的精神真正融入生活，在经济建设和社会发展中体现体育"更快、更高、更强"的精髓。

健康生活每一天

——以七年级上册Unit 6 *Do you like bananas?* 为例

青少年体质调查研究发现，近些年来，我国青少年营养健康问题得到了明显改善，青少年的身高增长了，营养不良的发生率下降了。但另一方面，由于膳食结构和饮食习惯发生了一些变化，如爱吃快餐食品和膨化零食、爱喝碳酸饮料等，也给青少年的健康带来了一些新的问题，如青少年肥胖症、高血压、糖尿病等慢性病低龄化的趋势为成为青少年生活和学习的负担。

　　青少年正值青春期，正处在关键学习阶段，也处在体格、智力发育的阶段，膳食的平衡、营养的合理是这一阶段重要的物质保障。《"健康中国2030"规划纲要》提出，要树立大卫生、大健康的观念，学校要通过健康教育帮助青少年树立健康观念，因此我们有必要在教育教学过程中让青少年树立合理膳食的健康观念，为青少年一代的健康打下坚实的基础。

　　七年级上册Unit 6 *Do you like bananas?* 的内容主要围绕"谈论对食物的喜好"这一交际功能展开，贴近学生的生活，容易激发学生的学习兴趣。Section A以动词like为例，进一步学习实义动词在一般现在时中的用法，同时呈现了一些中西方典型食品；Section B介绍了更多有关食物的词汇，围绕一日三餐的话题展开，让学生进一步讨论人们对不同食物的喜好，反思不同的饮食习惯，探讨健康饮食的问题。本单元适合在教学中渗透科学合理膳食的健康观念。

一、领略中西饮食差异

　　在教学过程中，可以创设一个较真实的情境："孔子学院校友中国行"访问团一行9人将到学校开展为期一周的文化交流活动，根据中西方饮食特点为访问团设计科学合理的一周膳食计划。学生分小组讨论并设计，然后再投票选出最合理的膳食计划。这就要求学生对中西方的饮食文化有一定的了解，笔者将选取几篇关于中西方饮食文化的课外语篇材料让学生阅读，让学生感知中西方饮食文化的差异。经两个教学活动后，学生可以更好地领略两者之间的差异。由于不同的文化背景，中西方形成了不同的饮食观念和饮食习俗。中国的饮食强调色、香、味俱全，而西方更加注重饮食的营养价值，忽略色、香、味的要求。今天，中西饮食文化的碰撞与交融并不鲜见，随着时间的推移，必将有更多的融合。作为中国人，我们有责任继承中华民族优秀的饮食文化，同时，也应积极吸收西方饮食文化中的精华，更加注重食物的营养价值。

二、树立健康饮食观念

通过Section B 2b文本的阅读，了解体育明星Cindy的饮食习惯，阅读时提取关于Cindy一日三餐所吃食物的细节信息，引发学生思考：Cindy在饮食方面为什么会有这样的特点？因为Cindy有健康的饮食习惯，这样Cindy才能在高强度的体育训练中保持良好的状态。而青少年时期是养成良好饮食习惯的关键时期，是少年发育为成年的过渡时期，是发育突飞猛进的阶段。这一时期，青少年的生长速度、学习能力、身体成熟程度均与营养状况、饮食习惯关系密切。那么对于青少年而言，如何养成良好的饮食习惯呢？在教学中，可以让学生和小组成员讨论自己与他人喜欢吃的食物，对比自己和他人的饮食，引导他们养成良好的饮食习惯，树立健康饮食的观念。

习近平总书记曾说，物质需求是第一位的，吃上饭是最主要的，所以说"民以食为天"。饮食与人类的健康息息相关，科学膳食、健康饮食对人类的健康至关重要。生命是努力奋斗之源，而饮食健康是生命之本。只有正确认识饮食健康的重要性，才能有健康的生活。

取之有度，用之有节

——以七年级上册Unit 7 *How much are these socks?* 为例

习近平总书记在十八届中央纪委二次全会上强调，要坚持勤俭办一切事业，坚决反对讲排场、比阔气，坚决抵制享乐主义和奢靡之风；要大力弘扬中华民族勤俭节约的优秀传统，大力宣传节约光荣、浪费可耻的思想观念，努力使厉行节约、反对浪费在全社会蔚然成风。可见，建设节约型社会是党中央、国务院提出的战略任务，也是坚持和落实科学发展观的一项重要举措。但是随着社会的飞速发展，物质水平的不断提高，这种勤俭节约的思想渐渐淡化了。

现在的部分中学生缺乏理性消费观念，存在虚荣消费与冲动消费行及乱花钱、高消费的行为。

七年级上册Unit 7围绕"购物"这一主题展开。Section A的购物话题涉及学生的穿着，是中学生们较为关心的话题。随着网购的兴起，购物也是当代中学生比较热衷的活动。这一话题比较贴近学生的生活，易于激发学生的主动性和学习兴趣；Section B的阅读材料是一则服装店的促销广告，丰富了单元目标语言的使用语境。学生学习与购物相关的词汇和表达，学会运用"sth. is/are+价钱"和"We have sth. for+价钱"等句式写简单的、个性化的促销广告。德育最好的、最主要的渠道在于学科渗透。笔者选择了"提倡勤俭节约，反对奢侈浪费"这一主题，把语言的课堂教学与学生的德育践行有机融合，使学生懂得"俭以养德，俭以兴国"的道理，树立艰苦奋斗、合理消费的观念，养成勤俭朴素的良好习惯。

七年级的学生正处在青春发育期，他们都有较高的求知欲和表现欲，希望得到同学和老师的认可。他们乐于参加活动，特别是对自己熟悉的话题兴趣更浓。本单元的话题正符合学生的这一心理特点，所以笔者充分用好德育点，找准学生体验点，设计以下任务活动，从根本上激发学生的兴趣，让学生在完成任务的过程中感悟珍惜资源、厉行节约的道理，养成理性消费、俭朴生活的习惯。

一、生活消费调查开启理性消费的新理念

Section A模拟现实呈现真实购物场景，循序渐进地引导学生讨论服装并学习询问服装的价格与颜色，进行相关购物训练和听力训练，同时，让学生通过人民币与美元的差别，了解中西方的文化差异。

为强化学生将知识应用于实践的能力，引导学生养成节约的好习惯，我们先让学生根据以下PPT展示的信息进行问答，巩固本单元的交际功能项目（图1）。

图1　展示有关购物的交际用语

　　然后设计调查表，让学生以某一天为例，调查自己所用的日常用品及其价格，课后完成调查任务，第二天在课前的free talk时间段进行信息交流（表1）。

表1　日常用品调查

Things for daily use					
Price					

　　通过调查活动，学生初步了解了自己生活的大致消费，明白"节约莫怠慢，积少成千万"的道理，同时，明确理性消费、勤俭节约的必要性。

二、创意海报设计帮助养成旧物新用的好习惯

　　为落实"厉行节约"的理念，在学习了Section B的服装店的促销广告后，笔者设计以下两个活动。

　　活动一：让学生注意到生活实际中英语的使用情况，查阅有关英语广告的资料，了解不同类型的英语广告及部分名牌英语广告词并交流展示。例如，有的学生展示收集到的知名服装品牌的英语广告词如下：

Just do it. （耐克运动鞋）

Impossible is nothing.（阿迪达斯，Adidas）

Always be yourself .（彪马，Puma）

I am what I am.（锐步，Reebok）

Everything is possible.（李宁）

He who loves me follows.（背靠背，Kappa）

Keep moving! （安踏）

引导学生思考：你想为自己的产品设计怎样的广告词？这个活动其实只是一个热身，为下面主要活动的顺利进行做好预热，提供借鉴的资料。

活动二：我班要举办一次旧物售卖活动（Yard Sale），同学之间相互销售自己的second-hand物品，以达到资源交流、旧物新用的目的；同时体验自己作为营销商进行销售活动，学习设计撰写最吸引眼球的商品销售广告，并制作出最具营销策略的个性化海报。

学生借助文段结构图，运用所学为自己的商品撰写广告，并设计自己所销售产品的个性化海报，完成后，四人为一组，分享自己的作品，小组成员给予评价。每个小组推选出最佳作品在全班进行朗读，师生共同评价。最后修改作品并将修改后的作品张贴到墙报上或制作成电子版公布在班级网站上，同时评选出最佳海报设计奖、最佳广告文案奖、最佳创意奖等。旧物售卖活动直接给学生传达了旧物新用的理念，这种实践探究活动，以单元话题为依托，以德育点为主线，让学生在身临其境中学习知识，在感受体验中养成美德。

三、爱心大拍卖，体验厉行节约的好方式

德育不是简单的说教，还需要实践，学生只有实践了高尚的道德，才能具有高尚的品质。学生把广告海报设计出来后，"爱心大拍卖"活动就精彩而又隆重地登场啦。为了推动活动的顺利开展，笔者事先让学生梳理并复习了能用于拍卖活动的语言材料（图2）。

图2　为学生呈现拍卖活动所要具备的语言结构

　　然后，对学生"断舍离"出来的物品进行分类，教室周围区域设置不同的店面，并贴上相应的广告海报。各组学生将整理出来的服装、玩具、文具等在相应的区域出售。拍卖活动筹集到的款项以班级的名义捐给当地慈善机构。这个综合活动课也是德育主题拓展课，开展学生喜爱的体验活动，建构开放式课型，用情境体验的形式让学生进行角色体验，丰富人生经历，接受道德洗礼。笔者相信，通过这一系列的主题活动，学生收获的不仅仅是语言知识与应用，也能领悟到"一粥一饭当思来之不易，一丝一缕恒念物力维艰"，并在生活中真正做到"取之有度，用之有节"。

每天都不同，天天都精彩

——以七年级上册Unit 8 *When is your birthday?* 为例

　　七年级上册Unit 8 *When is your birthday?* 要求学生能正确使用when和how引导的特殊疑问句询问生日和年龄，能够正确使用名词所有格来表达家人或朋友的生日和年龄，并且表述近期的活动安排。在文化方面，要求学生初步了解中英文关于日期表达的差异及中西方重要节日的日期。

年龄和生日的话题贴近学生生活，学生对自己和周围人的生日、年龄都比较感兴趣。谈论日期牵涉到月份、星期及日期。在日期表达中，序数词（ordinal numbers）的学习使用是本单元的难点。有了上个单元学习基数词的基础，本单元增加序数词的学习，有利于学生对基、序数词使用方法的掌握。

在孩子的成长过程中，家长为孩子过生日的现象非常普遍，但是孩子却不一定记得父母及其他家人的生日。所以本单元我们会布置学生回家了解家庭成员的年龄及生日的课后作业，借机唤起孩子对父母的感恩之情及对家人的爱。此外，可以拓展到父母的结婚纪念日（wedding anniversary），并且可以请学生做个有心人，在父母结婚纪念日的时候准备一个小小的惊喜（surprise），从而促进孩子与父母的融洽相处。

根据语言需要，联系生活实际，把语言与美术手工制作结合起来，制作班级的大日历簿和本学期与自己有关的日程安排表，即动嘴说英语，动手记录生活中的事情，学会用英语做事情。

关于班级大日历簿，可以按照如下步骤操作。在掌握自己和同学的生日的基础上，建立一本班级生日簿。首先以小组为单位，调查本组同学的生日，并记录下来，然后进行小组presentation，由一名同学在日历簿上记录下所有同学的生日。有条件的话，可以在某个同学生日的当天进行小小的庆祝，或者开一个惊喜生日会（surprise birthday party）。

充分调动学生的积极性，让学生自己来安排本学期想要开展的活动，把本学期与学生自己有关的活动在日历上做一个安排，并且发出邀请，邀请相关人员参与进来。一般来说，和学生有关的活动如下：学校开放日（school open day）、艺术节（art festival）、运动会（sports meet）、家长会（parent-teacher conference）、篮球赛（basketball game）、足球赛（soccer game）、演讲比赛（speech contest）、学校旅游（school trip）、生日会（birthday party）……让学生在日历上标注出来，并进行介绍，最后投票选出大家本学期最想开展的几项活动，讨论最佳的开展时间，并发出口头或书面邀请。

最后，可以给学生拓展中西节日（官方及非官方）的日期。分成小组，让学生从1月（January）到12月（December）进行节日的排列，看看哪些节日是中西方都有的，哪些节日是中国的传统节日，了解不同节日的来源和文化背景，从而培养学生的文化自信和民族自信（表1、表2）。

表1　官方的节日

Months	Special days	Dates
January	New Year's Day	January 1st
February	Valentine's Day	February 14th
March	Women's Day	March 8th
April	April Fool's Day	April 1st
	Qingming Festival	April 4—6th
May	May Day/ Labor Day	May 1st
	Mother's Day	the second Sunday in May
June	Children's Day	June 1st
	Father's Day	the third Sunday in June
	Dragon Boat Festival	Lunar May 5th
July	CPC Founding Day	July 1st
August	Army Day	August 1st
September	Teachers' Day	September 10th
October	National Day	October 1st
November	Thanksgiving Day	The fourth Thursday in November
December	Christmas Day	December 25th

表2　非官方的特殊日子

Months	Special days	Dates
February	World Wetlands Day	February 2nd
March	Tree Planting Day	March 12th
April	World Earth Day	April 22nd
	World Reading Day	April 23rd
	Space Day of China	April 24th
May	Youth Day	May 4th
	International Nurse Day	May 12th
	International Museum Day	May 18th
	World No Tobacco Day	May 31st
June	World Environment Day	June 5th
October	World Grain Day	October 16th
	United Nations Day	October 24th
November	World Hello Day	November 21st
December	World AIDS Day	December 1st
	World Disabled Day	December 3rd

由课本上的生日，拓展到很多特别的日子，借此引导学生珍惜时间，珍惜生命，珍惜一切。所以我们要尽可能地创造一切机会，让学生在课堂交际及课后练习中学会表达各种日期，反复巩固，使英语的工具性和人文性相结合。

因为热爱，所以美好

——以七年级上册Unit 9 *My favorite subject is science.*为例

热爱生活的美好，是一种对人、事、关系、世间万物的豁达与挚爱，万物皆自然、自然皆万物的美好情怀，是人处于大自然之中的一种态度、一种情感。这种情感的形成源于热爱生活，憧憬美好。课程标准在人与自然这一主题语境中，要求培养学生乐于学习、善于学习、终身学习的良好品质。笔者认为，这一良好品质的前提是对生活的热爱、对学习的热爱。

学习，对于大多数七年级的学生来说，是一件谈不上热爱但又不得不做的事情。只有少数学生是从学习中得到了乐趣的，大部分学生只是按部就班地学习。在大多数学生的眼中，学习就是单纯地做作业。在七年级，培养学生热爱学习，不只是热爱英语学科，而且是热爱学习这一行为，是至关重要的，而如何培养确实是值得思考和探究的问题。

七年级上册Unit 9 *My favorite subject is science.*的单元主题是谈论自己喜欢的学科。教师通过本单元的教学，使学生学会谈论自己喜好的学科或自己喜好的其他事情并给出理由，培养学生良好的学习、生活习惯。在这一单元的学习中，笔者将从以下四个方面引导学生热爱学习、享受学习的美好。

一、热爱学校

学校是学生学习、生活的场所，是学生度过绚丽青春的地方。如果学生不热爱学校，那么他们对学习的热爱更无从谈起。所以在本单元的设计中，笔者加入了一些校本元素。例如，在第一课时学科词汇的学习中，除了课本出现的常规的学科词汇之外，笔者还引导学生想想学校还有哪些丰富多彩的课程，如calligraphy、science and technology、taekwondo、batik等。学生在头脑风暴的过程中，会发现学校的学习不止语、数、英，还有许多兴趣爱好的发展空间，催生学生的学习欲望、意愿、兴趣。

二、热爱学科

学科是学生学习的主要内容，是学生感知学习的第一站，对学生学习态度的形成至关重要。不少学生厌学是因为没有发现学科的美，认为某些学科无趣、无味。在这一单元中，笔者在每一节课的课前设计了一个3～5分钟的展示活动，让班上每一个学科的小达人介绍自己最喜欢的科目（my favorite subject），包括课内和课外。有的学生介绍了编程，有的学生介绍了乐高课程，有的学生展示了汉语的美丽，有的学生展示了数学公式的美丽，还有的学生展示了体育运动之美。这一活动成了那一个星期学生们最喜欢的课前热身活动，既营造了轻松快乐的学习氛围，又为很多学生打开了一扇兴趣之窗。

三、热爱老师

"亲其师，信其道。"师生关系对学生的学习态度有直接的影响。在师生关系中，教师居于主导地位。学生是否热爱教师，原因有很多，但是教师可以引导学生学会感恩教师的敬业精神和负责的态度，学会欣赏每位教师不同的性格特点，从而热爱该学科。在这个单元的教学设计中，许多教师都会在group work中设计"Who is your favorite teacher? Why?"的调查。如果学生英语水平比较好，我们可以加以拓展，小组讨论下列问题："Which teacher impressed you most from primary school? Who is your favorite teacher in middle school? What qualities does he/she have?"爱是师生关系的基础和根本，爱是相互的。我们一直强调教师要有发现学生优点的眼睛，其实，也要引导学生对教师给予尊重、理解、信任。

四、热爱生活

热爱是一种用心生活的态度，珍惜当下所拥有的一切，永远不放弃对美好生活的追求。热爱生活的学生，一定也是热爱学习的。在本单元中，如何培养学生热爱生活的情感态度呢？其实就是引导学生关注现实生活，通过观察分析，创造性地表达自己对自然、对社会、对生活、对人生的感受和看法，乐于表达自己的感受。教师可以引导学生把这种情感用在写作上。本单元可以在基础话题my favorite subject上，以my favorite day为题进行单元主题写作。学生可以介绍自己最喜欢的一天并说明理由，或者介绍自己在学校的作息时间、最喜欢的科目及理由。

通过写作的表达与交流，学生们会发现，几乎每一天都有同学喜欢。其实生活中到处都是美好，一风一雨，一花一叶，一场球赛，一节实验课，一节英语课，只要对生活充满好奇，就能发现生活的乐趣，以自己的方式热爱生活。

五、结语

学生的主要任务是学习，而热爱学习是关系学习质量的最根本的问题。学生学习的动机千差万别，但是万变不离其宗：因为热爱，所以美好。让学生看到学习的价值，体会学习的乐趣和美好，才是"授人以渔"，才能使他们在学习的道路上走得更远。

人教版*Go for it!* 七年级下册

自胜者强，自强者胜

——以七年级下册Unit 1 *Can you play the guitar?* 为例

《易传·象传》中有"天行健，君子以自强不息"。2013年5月4日，习近平总书记在同各界优秀青年代表座谈时指出："梦在前方，路在脚下。自胜者强，自强者胜。"自强不息的精神是中华民族的传统美德。不管是古代还是现代，只有自强不息的人才能成为栋梁之材。

"自信意志"是英语教学育人目标中情感态度的要求之一。以前，中国人学习外语，是为了洋为中用；但是新时代的学生学习外语，有了新的目标，那就是自强不息，弘扬祖国文化。教师在教育教学过程中，培养的是走向世界的自信自强的中国人。然而，实际的教育教学存在以下两大问题：

一是当代初中学生存在一种毫无目标、不知道为何学习的现象。以七年级下册Unit 1 *Can you play the guitar?* 这一课为例，学生能够说出"I can sing/dance/play basketball/play the piano."等句子，可是进一步讨论"Why do you learn ...? "时，学生普遍回答不上来，大部分学生会说"My parents ask me to learn."或者"I like playing basketball."等。这反映了大部分学生对于学习的目的不明确，要么是家长所迫，要么只是因为兴趣，缺少家国情怀。

二是在教材中，德育的渗透亟须挖掘。在本单元中，课文以话题joining a club为中心展开。Section A的设计重在培养学生的语言知识和语言技能，而Section B重在培养学生的学习策略、情感态度和文化意识。在阅读部分，教材渗透了情感教育，即让学生发挥自己的沟通能力，到敬老院帮忙，利用自己的英语优势在课后帮助外籍学生，并发挥自己的音乐才能帮助别人，但是在自立自强这方面的渗透几乎为零。

英语新课程标准指出，要全面贯彻党的教育方针，落实立德树人根本任务，发展英语学科的核心素养，培养社会主义建设者和接班人。培养什么样的社会主义接班人呢？有很多方面，在本单元中，除了培养学生助人为乐的精神，鼓励学生参与社会实践活动外，英语教师还需要在教学中挖掘教材内涵，渗透爱国情怀。那具体怎么操作呢？

首先，教师可以以本单元的language goal：talk about abilities为中心，拓展思维。未来的世界需要什么样的人才？未来的社会需要学生具备什么能力？这两个问题是教师要思考的，也是教师要引导学生去思考的问题。在人工智能高度发展的今天，未来社会需要的能力是不被人工智能代替的能力。哪些能力是机器人能够代替的？例如，Section A的1a中提到的sing、dance、play chess、speak English、play the guitar等。教师可以拓展阅读材料，如关于AlphaGo（阿尔法围棋）的文章，像棋类这样的活动，是重复性智力劳动，由于大数据的不断收集，未来的人工智能在重复性智力劳动方面一定会比人更加聪明。哪些能力是人工智能取代不了的？例如，think、imagine、create、love等。

其次，学生为什么要拥有这些能力？在本单元的材料拓展方面，许多教师会选取一些励志的名人作为补充材料，这样往往会杂乱无章。在名人的选取上，教师可以将材料分为逆境中顽强拼搏的例子和顺境中自强不息的例子。逆境中顽强拼搏的例子很多，如伟大领袖毛泽东、科学家霍金等。但是当今学生处于和平年代，大部分家庭已经是小康水平，顺境中需不需要自胜自强呢？教师可以结合现代的名人，也可以结合时事热点——医学泰斗钟南山，他们都是行业翘楚，可是依然自强不息，强大自己来报效祖国乃至整个人类社会。

当然，教学中的育人不能是教师的说教，也不能是材料的生搬硬套。教师应该"润物细无声"，更多地关注活动的设计和引导，让学生运用学到的语言知识和技能表达所思、所想。例如，在Section A 3c *What can your group do in the school show? Make a List.*的讲授中，由于第一单元是新学期的开始，school show离学生的生活较为遥远。而新的学期，一般会有班干部的改选，这个时候是学生自荐、他荐、展示才能的好时机。因此教师可以设计一个"What can you do for our class?"的班干部模拟竞选活动（表1）。这样的活动能够更好地调动学生参与课堂教学的热情和积极性。

表1　呈现班干部模拟竞选活动任务表

	Jobs	Abilities（I can...）
What can you do for our class?	Cleaning monitor	
	Art monitor	
	Studying monitor	
	Sports monitor	

如果学生的能力较强，教师可以将活动设计为 What can you do for our country when you grow up? 这样的活动（表2）。纵观中国近现代的历史，从"师夷长技"到变法维新、辛亥革命，终于在中国共产党的领导下，历经艰难坎坷，全国人民自强不息、艰苦奋斗，才有了祖国如今的繁荣昌盛。教师可以从这方面入手，从本单元的language goal：talk about abilities到能力的培养，甚至于对未来的职业规划，让学生从小树立"少年强则国强"的精神，认识到只有自强，才能帮助自己，帮助别人，才能报国，甚至帮助全人类。

表2　呈现对未来的职业规划任务表

	Jobs	Abilities（I can...）
What can you do for our country when you grow up?	scientist	
	doctor	
	writer	
	astronaut	

教育担负着培养祖国未来的重任，教师任重而道远。习近平总书记在《习近平谈治国理政》中写道："自胜者强，自强者胜。"自胜自强要求人们业务精良，专业过硬，站在历史长河的角度，站在人类社会的高度，在竞争中立于不败之地，能够关爱他人，奉献社会，报效祖国。

养成良好习惯，成就精彩未来

—— 以七年级下册Unit 2 *What time do you go to school?* 为例

七年级是中学的起步阶段，也是学生逐步走向独立的重要阶段，这个阶段的学生既成熟又幼稚，既依赖又独立，既向上又盲目。在度过了七年级上学期的平稳适应期后，学生正经历着身心各方面的急剧变化，有良好的可塑性，是形成健康生活方式的最好时期。随着社会经济、文明发展和医疗水平的提升，以前严重危害青少年健康的营养不良等情况已经得到控制，与之相伴的是不良的行为习惯，这已经成为威胁青少年健康的首要因素，如不良的饮食习惯、不规则的作息等。若不对学生的行为进行正确指导，他们极易形成危害健康的生活方式，影响他们身心健康，甚至增加他们成年后患慢性病的风险。教师作为学生接触知识、接触社会的引导者，有责任把预防工作做在前面，把良好的生活意识传授给每一个学生，为学生的健康成长保驾护航。

Unit 2 *What time do you go to school?* 这一单元，恰恰是引导学生思考日常作息习惯的。Section A以Rick和Jim姐弟的日常生活习惯和记者对Scott（一个夜班工作人员）的采访带出活动，帮助学生建立健康良好的作息意识。Section B是Section A的深化和拓展，阅读部分以第一人称描述姐弟两人的生活习惯来引导学生合理安排日常活动，养成健康良好的生活作息习惯，并学会关注和关心家人、朋友的日常活动。

Unit 2 的话题为School life，School life是英语24个话题里面的第4个话题，总共有8个单元，七年级占了6个（表1）。

表1　整合初中教材中涉及的话题：School life的单元

话题	单元
Topic 4 School life	Book1 U2 Is this your pencil?
	Book1 U4 Where is my schoolbag?
	Book1 U9 My favorite subject is science.
	Book2 U2 What time do you go to school?
	Book2 U4 Don't eat in class.
	Book2 U11 How was your school trip?
	Book5 U8 It must belong to Carla.
	Book5 U12 Life is full of unexpected.

在学习此单元之前，学生已经掌握了学习用品、学习科目的表达方法，了解了课堂内的教学情境。本单元要使学生树立起规律作息的良好习惯（身体健康），为Unit 4规则意识（精神健康）的学习打下基础。教师通过几个连贯、递进的小任务，一步步引发学生思考。

第一，思自己的日常生活习惯。通过问卷调查，引发学生思考，问卷涉及起居、饮食就餐、学习、家务和运动休闲五个方面（图1）。

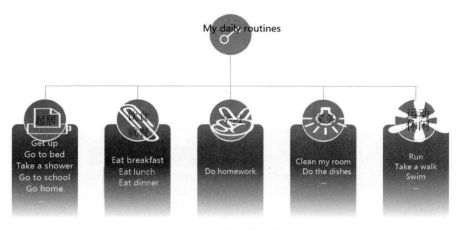

图1　从五个方面调查学生的日常生活习惯

第二，思生活方式与健康的关系。基于以上问卷的五个方面，教师以学生的生活经验为出发点，呈现教材中的话题，让学生分组讨论，列一份健康的日常生活明细（图2）。details部分是需要学生思考的问题，如果课堂上的头脑风暴和小组讨论不足以得出结论，就需要学生课后收集资料。

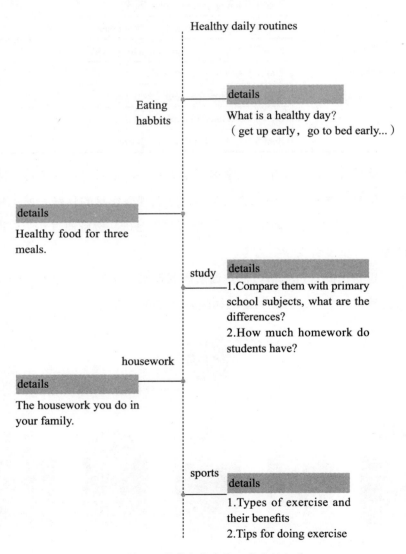

Healthy daily routines

Eating habbits

details
What is a healthy day?
（get up early，go to bed early...）

details
Healthy food for three meals.

study

details
1.Compare them with primary school subjects, what are the differences?
2.How much homework do students have?

housework

details
The housework you do in your family.

sports

details
1.Types of exercise and their benefits
2.Tips for doing exercise

图2 呈现学生健康的日常生活细节

第三，思自己的作息习惯是否健康。每个学生写下自己的daily routines，与图2的healthy daily routines对照。

（教师引导）总结：良好的生活习惯引领人生，成就未来。良好的生活习惯彰显一个人的素养与质素，按时作息让我们精力充沛，合理安排自己的时间能帮助我们提高学习效率。正所谓：习惯养得好，终身受其益。

通过三次反思，教师把积极、健康生活习惯理念的种子播入学生的心田，帮助学生认识到每天的作息应该是有规律的，生物钟紊乱会引发疾病。因此，中学生应该制订计划、严格遵守、按时作息。青少年时期养成的各种良好习惯往往会持续终生，健康规律的日常生活习惯是学生身心健康的重要保障。教师要利用教科书上的内容，对学生生活方式进行干预，让学生合理饮食、适当运动、心理平衡、规律生活、懂得休息，不要让学生在行动这一环节脱了轨，鼓励学生从现在开始，从自己开始，养成良好的生活方式。

梧桐生矣，于彼朝阳

——以七年级下册Unit 3 *How do you get to school?* 为例

2019年10月，为落实国家东西部扶贫协作计划，笔者被选派到云南省昭通市进行短期支教与交流。昭通与笔者印象中的云南大相径庭，天无三日晴，地无三尺平，各方面环境都不是很好。来到昭通，跟着当地教师走进大山，控辍保学，山路蜿蜒，走访道路甚是艰难。这时候，笔者对国家提出的"精准扶贫"政策，"发展教育脱贫一批""扶贫先扶志、扶贫必扶智"等方针有了更深的理解。支教回校后，笔者一直想把教学内容和支教旅程相结合，笔者终于在Unit 3 *How do you get to school?* 中找到了契合点。

本单元的话题涉及学生上学的交通方式，与Unit 2 *What time do you go to school?* 上学时间的话题紧密相连。Section A展现了学生以不同方式上学的场景，自然而然地把学生带入关于上学方式、出行花费时间及家与学校之间的距离等问题的讨论中。Section B对出行方式这一话题进行了更深入的探讨。2a～2c的语篇介绍了一个偏远乡村孩子上学的故事。这一题材展现了偏远地区孩子上学的艰苦，目的是唤起城市孩子的关注，同时让他们懂得珍惜自己的生活和学习条件，从而更努力地学习。

一、启智——另一端，有另一种生活

七年级的学生思维活跃，想象力丰富，对世界充满好奇。在认知发展上，他们处于一种既懂事又不完全清楚的状态，他们已经能理解抽象的概念，但是认识易片面化和表面化。针对他们目前富于想象的特点，学习语篇*Crossing the River to School*时，笔者提出了如下问题：

（1）How to cross a river（before reading）？

（2）Why do they go to school like this（while reading）？

（3）What do you think of their lives（while reading）？

（4）How do you go to school（by bus or by ropeway）and why？（post reading）

（5）Who has the better life？The students in our textbook or us？（post reading，如图1所示）

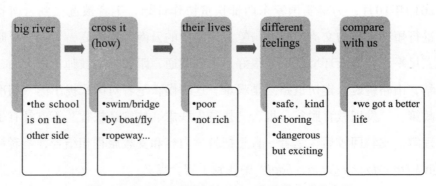

图1 通过语境设置形成问题链，启迪学生思维发展

学生回答（1）（4）两问，脑细胞非常活跃，各式各样的答案脱口而出，敢想敢说，煞是可爱。在这一步，教师要立足语篇，挖掘文本，把握文章的主题思想，找到德育渗透和延伸的最佳角度，以此来设计问题。在课堂上，笔者让学生审读文章，以问题"Why do they go to school like this？"为切入点，通过小组讨论，引导学生与课本上学生的生活、上学条件进行简单对比，最后得出"We get a better life，we are lucky."的结论。

二、明德——珍惜当下，施比受更有福

课程标准指出，语篇承载语言知识和文化知识，传递文化内涵、价值取向和思维方式，为学生形成正确的人生观、价值观提供了平台。因此，教师要根据语篇的主题内容和语境，带领学生探讨，让立德树人贯穿教学始终。在本单元语篇中，就是鼓励学生常怀感恩之心，学会以己之力助人。浅层次讨论后，根据课堂生成情况，教师要带学生进行稍深层的思考，把"It is better to give than to receive."的思想巧妙融入其中，笔者提了以下几个问题：

（1）Who can build a bridge for them？

（2）What would you do if you were one of the students there？

（3）What can we do to help them？

这三个问题犹如石块投进湖心，激发层层涟漪，引发学生思考：谁可以给他们建桥？你若是他们中的一个，你该如何做？我们能帮他们做什么？

短暂的讨论过后，学生们不无感慨，对于建桥这样的大事，无论是局中人还是局外人，我们这个年龄，好像什么都帮不了，唯有读好书，养成好习惯，形成好品格，锻炼好身体，学成好本领，积聚磅礴力量，日后才能担当责任，改变落后现状。很多学生表示：我们何其幸运，每天平安上学、回家，遇到有需要帮助的地区和人，还能捐自己的零花钱以表心意，赠人玫瑰，手有余香。

世界上很多事情值得我们去思考、学习、领悟、珍视、动容，让我们珍惜当下、学会感恩、拥抱美好，这才是生活的真谛。

三、育心——着眼目前，厚德自强

学生虽然年龄小，但同样生活在社会中，也要了解社会，他们既是家庭中的一员，也是社会中的一员。学生的学习、生活和成长，都与社会环境、社会变化发展密切相关。帮助学生了解社会、了解世界，有助于他们开拓视野、增长知识，有利于他们提高观察问题、分析问题和解决问题的能力，有益于他们健康成长、全面发展。学生以健康的心态亲近社会、关心社会才能适应社会、融入社会，长大后才能更好地回馈社会。

这个单元学习完后，正逢周末，笔者给学生布置了主题小调查：中山与云南的联结。通过小调查，希望学生了解国家的扶贫政策，知道中山人民对云南山区人民早日奔小康给予了哪些帮助，从而培养学生对中山这片沃土的自豪感，树立起勇于担责、精忠报国的理想。

通过资料收集，学生们了解了中山帮扶云南昭通建设的点点滴滴——从资金的帮扶到专业人才的帮扶。中山与昭通两地人民，得益于国家政策，已经架起两地来往的友谊之桥。学生稚嫩，许多信息都是从互联网上获得的，他们的调查不算是真正意义上的调查，只能是初步了解，表达也不够精准，但是学生乐在其中，通过这个活动，学生感觉自己也走进了昭通学生的生活，心与心靠近了。

学生从被动学习变为主动学习，这个过程也是一个有意义学习的过程，能不断提高学生的学习能力，促进他们自我成长，使学科素养在生活实践中生根开花。

没有规矩不成方圆

——以七年级下册Unit 4 *Don't eat in class.*为例

　　一元复始，万象更新。与家人团团圆圆，和和美美，欢度新春佳节后，春暖花开，迎来了第二学期。七年级的学生逐渐褪去了少儿的稚气，开始进入身心发育的另一个阶段，逐渐"原形毕露"。此时，如不加强管理，树立规则意识，以后就会增大教育的难度，事倍功半。教育就是润物无声，化腐朽为神奇的过程。

　　人教版*Go for it*！七年级下册的编排充分考虑到七年级第二学期的学生需要强化规则意识，将Unit 4 *Don't eat in class.*的话题定为Rules。教材Section A主要谈论校规，引导学生在学校要遵守校规校纪，如课堂纪律、图书馆规则、电脑房等功能室规则。Section B主要谈论家规，如科学作息、适量家务、会友安全、休闲娱乐等。Section A、B两部分的内容基本囊括了初中生在两大主要生活场所（学校、家庭）所要遵守的规则。教学中，通过听、说、读、写任务活动，应用目标语言，学习校纪家规，帮助学生树立正确的规则意识，争做文明中学生，与家人和美相伴。

　　初中学生的活动场所远不止学校、家庭，尤其是周末、节假日，他们的活动场所会无限放大，如餐馆、商场、电影院、博物馆、公园、动物园、旅游景点等；也会因距离不同选择不同的交通工具，如公交车、地铁、高铁、飞机等。这些场所，每一个地方都有相应的规则，需要遵守，才能保证社会的和谐、安定、有序。懵懂年少的初中生对新鲜事物充满了好奇，正所谓"初生牛犊不怕虎"，他们往往因为规则意识薄弱，给个人、社会造成麻烦，甚至是事故。因此，了解并遵守相关规则就显得尤为重要。但是由于各种原因，教材中却没有相关的内容。作为21世纪社会主义新时代的英语教师，应该根据学生、社会的需求，补充、拓宽相关语料。通过教学，拓展学生的知识面与社会常识，在提高学生语言综合能力的同时，全面提升学生的综合素养。例如，本单元可以补充、拓展餐馆、商场、电影院、博物馆、公园、动物园、旅游景点等公共场所的规则。教学过程中，可以设置小组任务活动（每组4～6人），让每个小组设计一个场所（如电影院）的"温馨提示（规则）"，然后进行"规则世界，温馨你我"作品展示。作品设计可以图文结合、色彩搭配、英汉双语等，充分发挥学生的主观能力性与创造思维性。例如，在公园里，相关温馨提示包括：排队入园、不乱丢垃圾、不践踏草坪、未经允许不投喂动物、注意戏水安全等。又如，在电影院，要注意公共卫生、不迟到、不高声喧哗、不吃气味浓烈的食物等。通过这个小组活动，学生收集语料、输入语言、内化，再设计、输出，进行小组交流、展示，输出和应用语言。这个过程，不仅能丰富语言学习，增强趣味性，更重要的是通过思维碰撞，能让学生熟悉和了解不同公共场所的基本规则，在日常生活中，学生就能自觉遵守规则，潜移默化地将语言学习化转为行动，做一名高素质的新时代公民。

本单元通过材料补充与活动拓展，不仅增加了有关规则的语料、丰富了课程资源、开阔了学生视野，更重要的是让学生在不知不觉中感悟到规则的重要性。让学生明白没有规矩不成方圆，规则无处不在，自由的前提是遵守规则，要养成遵守规则的良好习惯，文明从我做起，从小事做起，在成长中不断提高自己的基本素养，争取成为社会主义新时代的优秀公民。

再立规则意识，与大自然共舞

——以七年级下册Unit 5 *Why do you like pandas?* 为例

关爱动物，与大自然友好相处，是一种信仰、一种理念，更是一种思想道德素养。这种信仰不是凭空就有的，它犹如一颗种子，需要从小根植在孩子的心中，逐步使其生根、发芽、开花、结果。学校作为未成年人的主要教育基地，加强青少年思想道德建设，植入"人是自然界的一部分"的思想，责无旁贷。

七年级下册Unit 5 *Why do you like pandas?* 就提及了人与自然的关系。本单元以animals为话题，贯穿整个单元的听、说、读、写，主要通过学习动物名称和常见的有关描述动物的形容词，了解动物的外形、生活习惯及主要产地，培养学生关心、关爱、保护动物和维护生态平衡的朴素情怀。学生将在交流中了解世界各地野生动物的情况，增加地理知识，培养保护、挽救野生动物的意识。教学的最后要强化学生上一个单元所建立起来的规则意识，把规则意识从社会延伸至大自然，让学生学会尊重自然规律，严格保护野生动物。

一、普及保护野生动物的相关法律法规

让学生自行搜寻相关法律并简单谈谈认识，如谈谈对2020年2月24日第十三届全国人民代表大会常务委员会第十六次会议通过的《全国人民代表大会常务委员会关于全面禁止非法野生动物交易、革除滥食野生动物陋习、切实保障人民群众健康安全的决定》的认识，或教师抛出问题："If you find a little squirrel when you are hiking, can you take it home and keep it? Why or why not? What will happen if there is no frog in the world?"引导学生思考。教师简单列举一些人类对野生动物的不当做法，并指出"keep wild animals as pets"是违法行为，让学生把对保护野生动物的认识提升到法律层面，敲响警钟，保持警惕。

二、呼吁学生以实际行动爱护野生动物，对大自然常怀敬畏之心

古人有"天人合一""物我一体""道法自然"等思想，发展到今天，文明程度应该更高，我们不能随意破坏野生动物的栖息地，更不能随意伤害它们，应呼吁身边更多的人来爱护它们，如画一张环保海报，提醒家人不要涉及野生动物的食用或买卖等。以下是一名学生的海报作品（图3），该作品提倡保护野生动物。

图3 甘同学制作的保护野生动物的海报

2016年3月10日，习近平总书记在参加第十二届全国人民代表大会第四次会议青海代表团审议时强调："在生态环境保护建设上，一定要树立大局观、长远观、整体观，坚持保护优先，坚持节约资源和保护环境的基本国策，像保护眼睛一样保护生态环境，像对待生命一样对待生态环境，推动形成绿色发展方式和生活方式。"

保护野生动物不仅仅是一个人、一个组织的任务，而是每个人的义务与职责。希望学校教育能让更多的人从小树立保护自然生态（野生动物）的意识，对自然有敬畏之心，进而保护那已为数不多甚至濒临灭绝的"野生动物朋友"。

魂兮归来话端午，家国情怀育心中

——以七年级下册Unit 6 *I'm wacthing TV.*为例

2017年10月18日，习近平总书记在中国共产党第十九次全国代表大会上的报告指出："文化是一个国家、一个民族的灵魂。文化兴国运兴，文化强民族强。没有高度的文化自信，没有文化的繁荣兴盛，就没有中华民族伟大复兴。"民俗节日作为中华传统文化的重要组成部分，有其无可替代的生命力、凝聚力和感召力，是中华优秀传统文化的组成部分，它们以各种民俗仪式为基石，承载了中国人古往今来对生活的种种美好祝福和期盼，也承载着中华民族千百年来的文化心理、生活方式和情感依托的流变。端午节就是其中一个很重要的传统节日。人们在端午节包粽子、赛龙舟、挂艾草，回归家庭，遥念屈原，感受节日喜庆，抒发爱国、爱家之情。

但毋庸讳言，端午节的内涵一度被人们淡忘，不少人索性将端午节称为"粽子节"，还有网友笑言"感谢屈原投江，舍身为大家争取了假期"，仿佛端午节除了吃粽子、放假外，再无别的含义。随着时代的进步，我们的生活方式确实越来越多元化，但传统文化中的正能量不应该被淡化，它必须融入我们的生活中，让我们在实践中感知与领悟，正所谓"慎终追远，民德归厚矣"。

七年级下册Unit 6 *I'm watching TV.* Section B 2b的语篇就介绍了端午节。语篇以中国留学生朱辉的故事，展现了他在中国的家和在国外寄宿家庭的生活场景。语篇创设的情境自然真实，不仅介绍了中国传统节日——端午节，还让学生领略到中西方不同的文化习俗。文章在最后还点明了主人公"每逢佳节倍思亲"的心态：*There is still "no place like home"*。

在学习这篇文章之前，笔者进行了一个小小的课前调查——了解2005年以后出生的学生关于端午节的情感、态度与价值观。

本次调查通过问卷星在周末发放，总共设置了15个单选题，内容涉及端午节的基本常识（时间、相关人物、饮食和活动等）、文化（申遗、诗词等）和情感、态度价值观三个方面。

从调查结果来看，有一些学生将端午节的基本常识都弄错了，如10.81%的学生认为端午节是在农历的正月十五，5.41%的学生认为端午节是纪念文天祥的。但是，在大是大非面前，学生们绝不含糊，有着正确的态度和取向，正能量满满如97.30%的学生都知道端午节是中国传统文化不可分割的一部分。通过课前的小调查，笔者了解了学生的端午节知识储备和对待端午节的心态，为后面课堂问题设计打下了基础。部分问卷内容如下。

在你的心目中，端午节是个怎样的节日？［单选题］

选项	小计（选择该选项的总人数/人）	比例	
拥有悠久的历史与民族特色，是中国传统文化不可分割的一部分	36		97.30%
能跟家人、朋友相聚的一个理由	1		2.70%
粽子节，吃大餐的节日	0		0%
已经被淡忘的普通节日，过不过都无所谓	0		0%
本题有效填写人次/人	37		

你认为端午节是哪一天？［单选题］

选项	小计（选择该选项的总人数/人）	比例	
农历正月十五	4		10.81%
农历五月初五	33		89.19%
阴历五月初五	0		0%
农历三月初三	0		0%
本题有效填写人次/人	37		

你认为端午节是为了纪念谁？［单选题］

选项	小计（选择该选项的总人数/人）	比例	
屈原	35		94.59%
文天祥	2		5.41%
孔子	0		0%
黄继光	0		0%
本题有效填写人次/人	37		

教学片段，欢迎大家拨冗斧正。

1. Brainstorm

What is the greatest difference between the Chinese Dragon Boat Festival and the Foreign（USA）Dragon Boat Festival?

让学生通过快速阅读略读课文，独立思考，寻找关键词，填写信息卡（表1）。

表1　信息卡

Information card			
country	family	the person	the things they do
	Zhuhui's family	Father and uncle	
	Zhuhui's host family		
		Zhuhui	

2. Careful reading

信息卡填完之后，学生基本能够理清语篇内容，在此基础上，引领学生总结中外端午节的异同：food、time、what people do、feeling。

设计意图：层层深入地帮助学生梳理文章脉络，学习课本中提及的中外端午节的异同，引导学生认识和思考端午节的文化内涵（我们特有的民族节日），既然提到了home，教师顺势就"好家风"建设拓展点评几句（The traditional festivals /culture lead us to respect the old，take care of the young，be harmonious with each other，etc.），把家风建设和传统节日相融合的理念植入学生心田。

3. 课后拓展：寻找中国以外的端午元素

在端午节，外国人真如课本语篇所说的，静静地待在家里吗？我们学校的学生基本没有出过国门，身边也没有什么外国朋友，如何才能让学生了解到外面世界的真实情况呢？笔者请学生课后打开搜索引擎，一寻真相！经过大概一周的网上资料搜集，学生们上交了调查情况，以下是部分学生的作业截图（图1、图2）。

陈同学的作业

骏 提交于04-20 13:03

How do Koreans celebrate Dragon Boat Festival
On Dragon Boat Festival, women also eat "AIDS cake" and drink Yiren juice. Women wash their hair with oak soup, drink oak water or make up with oak dew, which is called "oak makeup". In South Korea, "Dragon Boat Festival" is a special sacrificial activity.The Dragon Boat Festival in Jiangling can be traced back to the ancient Korean era.

▲上一个 ▼

圈划批改

图1　陈同学作业展示

吴同学的作业

吴▇▇同学 提交于 **04-21 22:15**

Dragon Boat Festival in Japan

These pictures are about the Dragon Boat Festival in Japan. The aristocracy in Japan's Ping An Era （794–1192） first introduced China's Dragon Boat Festival. Later, the festival was introduced to the people. In the Edo era, the elements of the Dragon Boat Festival have been prevalent in Japanese folk life.

I think the reason why Dragon Boat Festival is still popular today is that it must have its unique charm.

▲ 上一个 ▼

图2 吴同学作业展示

　　尽管学生的表达有不少错误，但他们对自主探究表现出来的参与度和热情是喜人的。课后的任务与真实世界相联系，学生通过作品来展示知识与技能，他们成了问题的解决者、决策者、调查者与记录者。学习内容的拓展，为学生拓宽了视野，调动了他们思维的灵活性与敏捷性，质疑的过程充分展示了学生的审辩式思维。通过调查，学生们进一步了解了中国节日文化的世界影响力，民族文化自豪感油然而生。

结语：

中华传统节日就像一根纽带，连接着中华儿女的文化认同感与世界观，传承着我们中华民族共同的文化基因。受中华文化影响，亚洲地区不少国家也都有了自己的端午活动。今天，我们传承端午节日，划划龙舟、吃吃粽子、佩佩香囊，看似只是古老的仪式，但正是这些千载不变的细节，加固了民族认同和文化认知。在这个节日里，"端午"二字已成为传承民族文化、弘扬民族精神、激发爱国情感的载体，而正是有了这一个又一个符号意义的"根"，中华民族的澎湃精神才化为不竭的筑梦动能。等学生长大一点，我们下一步要培养他们如何讲好中国文化，传播好中国声音。

学在天地间

——以七年级下册Unit 7 *It's raining!* 为例

一、缘起

2019年秋季，笔者带着学生到广州研学旅行。令笔者惊讶的是，到达目的地后，学生第一件事是拿起手机"打卡"、发朋友圈、集赞，而不是细细地品味当地的文化内涵与特色，这仿佛与组织研学外出的初衷有所背离。因此，笔者想给学生做思想工作，扭转他们的认知，让他们思考研学旅行的真正意义，但苦于一直找不到合适的机会，直到遇到了Unit 7 *It's raining!* 这个单元。

二、教学分析

1. 内容分析

本单元的中心话题是谈论天气，整个单元内容围绕天气的学习展开。学生通过本单元学习不同国家、城市及城市的天气，掌握描述天气的基本词汇及对天气的提问，学会准确表达自己对某种天气的喜好并简单说明原因，学会做天气预报。Section B阅读课文2b分别展现了Su Lin和Dave旅游度假的小片段。笔者的切入点就是2b的阅读文章。

2. 学生分析

经过大半年主题任务教学的训练，七年级大部分学生能够根据老师的要求用目标语言完成任务，四人小组或者六人小组成员有良好的合作意识，在组长的带领下，能够有效地开展各项活动。但是天气表达和著名城市对于学生来说是第一次出现的新语言，学生需要描述世界各地的天气情况和气温状况，新单词比较多。

3. 教学目标分析

根据教学内容和对学生的客观分析，基于英语学科核心素养的要求，教学活动从语言技能、学习策略、思维品质和文化素养几方面进行整体设计，期望达到以下目标：

（1）学生能运用略读和寻读等阅读策略，正确理解语篇知识。

（2）学生能够运用话题词汇和句式，表达天气，感悟研学旅行的意义，形成正确的旅行观。

三、教学设计思路

教师在备课过程中挖掘教育所蕴含的德育价值，把立德树人的目标有机渗透在教学中，既要注重对学生语言能力和学习能力的培养，又要将积极的情感、端正的态度和正确的价值观融入教学过程中。为把两者有机结合，笔者设计了以下步骤：

（1）导入。展示欧洲和加拿大的地图与风景，谈谈天气。

（2）略读Section B 2b，找出main idea.

（3）精读寻细节。结合课文，找出Su Lin和Dave的假期活动及他们在活动中的感受（图1）。

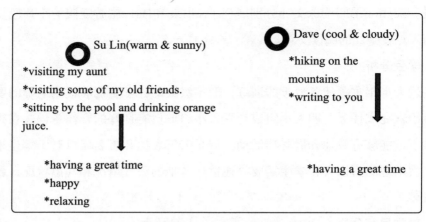

图1　呈现Su Lin和Dave的假期活动

1. 德育主题拓展

小组讨论，思考以下的问题：

*When Su Lin and Dave go on vacation, they don't go sightseeing to some famous places of interest. They just visit their relatives, friends...What do they think of their trip? （Do they feel boring? ）They think they are having a great time. Why?

*Looking back your own school trip last term, when you got off the bus, most of you just took out your cellphone, take photos, post the photos on your Wechat. If we go on a trip in the future together, what will you do?

What is the real meaning of travelling?

（教师点评：Travelling shouldn't be just about taking photos.It's also a learning process. It should be more about cherishing new places, people and experiences. ）

2. 利用思维导图，德育成果落地

这个部分为写作，主题：plan your trip。

经过上面的讨论，很多学生明白研学旅行不是走马观花，研学旅行的实质是学习、思考、锻炼、实践。研学旅行是一个饱览美景、体验文化、发现自我的过程。因为整个大地就是一部活教材。无尽的山川田野、浩瀚的大海、繁茂的花草树木与各式各样的动物，它们各有各的特色，各有各的本领，有着千差万别的个性和品德。例如，看文物古迹就是看它的陈旧，看它的历史痕迹；看自然就是看它的山山水水，看它的挺拔和秀美；看文化最为复杂，要看它的底蕴和内涵，这也是最不容易让人参透的。所谓学习，在课堂，也在天地间。因此，回应前面所学，让学生好好计划一次自己的外出研学旅游。

在这个环节，教师引导学生运用思维导图和其他同学进行信息结构的交流与整合，以获得一些新的灵感来构建并完善自己的研学旅行思维导图。利用思维导图，学生可以更好地围绕主题进行关联联想并提升思维的批判性，学生对与主题相关联的知识进行分层分类管理，使思维导图真正成为学习地图。学生基于已有的知识和经验创造出与Unit 7语篇关联的口头语和书面语，提升了思维的创造性和灵活性（图2）。

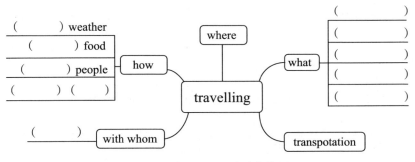

图2　呈现travelling的思维导图

学生依托思维导图的结构支撑，描绘出语言学习相关知识点，形成有关语言学习的知识网络，也了解旅行的话题所关注的一些信息，如时间、研学地点天气、和谁去、做了什么、感觉如何等，更进一步感悟研学旅行的真正意义不是到此一游，而是融入当地，感受当地的点点滴滴。

四、结语

本节课以寻找研学旅行的意义为主线，以英语核心素养所要求的语言技能、学习策略、文化品格和思维品质为教学目标设计依据，以课文语篇为依托，以阅读任务为载体，深挖材料的育人价值，循序渐进地引导学生理解语篇，升华语篇背后的育人价值，达到了预期的目标。

从导入环节开始，引导学生欣赏美丽的风景；从复习有关天气的词汇开始，通过泛读和精读语篇，让学生归纳总结Su Lin和Dave的假期行程及感受，找出语篇的最佳突破口，引导学生深入展开讨论与思考：为什么看似这么普通又沉闷的行程，两个人却乐在其中？最后，通过帮助学生回忆他们上一年研学旅行的一举一动，引导学生反思自身行为，教学目标从抽象转向具体。学生通过思维导图这个支架，设计自己的研学旅行。思维导图为学生创设了互助合作的空间和发表个人独立见解的机会，也为学生搭建了思想碰撞的平台，再次引导学生思考研学旅行的意义，升华德育主题，使德育潜移默化地渗透在整个学习过程中。

如果时间允许，教师也可以利用思维导图让学生合作编对话，对研学旅行进行辩论、添加等。

阳光照进心底，自信写满脸庞

——以七年级下册Unit 8 *Is there a post office near here?* 为例

一、"哑巴"是这样炼成的

笔者的丈夫在读大学的时候，有一天在广州的街头遇到一位美国老爷爷向他问路，他憋了半天不知道该怎么说，最后讲了一句："Let me show you the way."然后领着这位老爷爷，一声不吭地走了一个多小时的路。笔者的丈夫那时候已经过了英语六级，据他说每次模拟测试阅读理解和作文几乎都是满分，可是面对一个老爷爷的简单问路，居然回答不上来，想想就好笑。他自己解释说是缺乏自信，怕说错了让人家笑话。

　　笔者在教学中，也经常遇到这样的学生。如果让他们提前准备好内容，他们可以非常自信大方地说出来；如果让他们即兴对话，他们却经常卡壳。课堂上的口语操练、对话练习更像是一次背诵或朗诵活动，他们先打好腹稿，或者写下来，然后照着念。当在生活中需要使用英语时，往往就张口结舌、哑口无言了。笔者以前做过一个小调查，发现在笔者的两个班上，自认为不敢在公众场合开口说英语的学生占了78%，可见心理障碍是阻碍学生开口的重要原因。不知道怎么说、害怕说不好是学生的普遍心理。造成这种问题的原因很多，但学生锻炼机会少、缺乏环境氛围是主要原因。如何让学生大方自信地用英语表达自己？这是笔者多年以来一直在思考的问题。

二、学生失掉自信力了吗

　　如果教师认真反思学校课堂的教学过程就会发现，越是低年级的学生越是自信，课堂上也更加大胆自如地表达；越是高年级的学生越是拘谨，课堂上经常鸦雀无声，学生表达往往不够流畅。看来还是我们的课堂出了问题，教师对课堂纪律、标准答案的过分追求挫伤了学生的自信，也使学生越来越不愿意开口。

　　对于英语课堂来说，学生不愿意开口还有另外一个重要原因，那就是语言基础不够扎实。词汇量贫乏、语法知识欠缺、语音语调不准及对所表达内容不够熟悉，都会严重影响学生表达的流畅性。在另外一项研究中，笔者把发音准确性、内容适切性和语言连贯性作为学生口语评价的三个维度。要帮助学生克服困难，大胆表达，把失掉的自信力找回来，一一解决上述问题。下面就以七年级下册Unit 8为例，说说教师应该怎么做。

　　Unit 8的话题是*Is there a post office near here?* 其实就是生活中的指路问题，语法知识点是there be结构和where引导的特殊疑问句。根据这些年来的教学经验，这两个语法目标的达成并不难，难就难在如何让学生自信、自如地开口表达，这是需要重点考虑的问题。要解决这个问题，除了环境的烘托，还需要在课堂上动一点小心思，给学生提供一把"梯子"。

　　教师需要做好引桥教学，搭好支架。这里主要是语法和词汇的教学，要帮助学生掌握好几个重要的句型，如there be、where引导的特殊疑问句，be there引导的一般疑问句等，熟记go along、turn right、turn left等常用短语和post、office、street、police、station等常用单词，这是后续课堂活动的基础，可要求学生在课前自主学习相关单词和短语，并在课堂开始的时候用专门的时间去学习和操练相关句型。

　　为了让学生摆脱顾虑，积极参与课堂学习，笔者设计了以下几个小游戏。

　　游戏一：校园寻宝。

　　准备一份学校地图，发给学生，提前让学生熟悉有关场地的英文单词，并标注在地图上。上课前，教师选择三名英语基础较好、表达比较流畅的学生，把三个乒乓球分别藏到学校的不同位置。上课的时候，请这三位学生描述从教室出发寻找乒乓球所藏位置的路线，但不允许直接说出乒乓球所在位置的名称。其他学生一边听，一边在地图上画出路线图。他们陈述完毕以后，再从班上随机抽取另外三名学生，按照前面三名学生的描述以及他们自己所画出的路线图寻找乒乓球。若能够找到，则游戏结束；如果找不到，可以再次陈述。这个游戏也可以两两结对进行，一人藏，一人找。如果上课时不好安排，也可以把这个活动安排在课外进行。

　　游戏二：有朋自远方来。

　　给每个学生发两张白纸，要求学生在其中一张白纸上提前画好从学校到自己家里的路线图，标注出路途两边的重要标志性建筑（尤其是拐弯处的标志）的英文名称，路线图不能给别人看到。上课的时候，学生两两结对，学生A根据自己所画的路线图用英语描述如何从学校到家里，学生B一边听一边画（听的过程可以用引导词where或is there进行提问），在另一张白纸上画出一幅对方家校之间的路线图，然后与A所画的路线图进行对比，如果基本一致，则双方交换角色重复上述活动，否则的话对B的路线图进行修正。

　　游戏三：地图快递。

　　准备一张学校附近地区的地图，呈现在黑板上；然后准备几张小纸条，写上地图中一个位置的名称（每张纸条的内容都不一样），然后发给每个小组的其中一名学生。学生拿到纸条以后，跟第二名学生陈述从学校到达该处的路线，但不能直接说出位置名称；第二名学生听完后跟第三名学生说，以此类推，直到最后一名学生。学生在听的过程中可以在纸上记下所听到的内容。最后一名学生在地图上指出本小组的位置所在地，跟第一名学生手上的纸条进行对比，如果一致，则本小组游戏成功，否则游戏失败。游戏限时6分钟，如果6分钟内没有完成，同样视为游戏失败。

游戏四：超级侦探。

准备一张学校附近地区的地图，呈现在黑板上。教师提前选择其中一个地点，然后把相关的信息拆分成多个信息点，分别写在不同的小纸条上（如It's a building.There is a park behind it；etc.），教师把小纸条分别发给小组的不同成员，要求他们互相之间不能交换纸条，也不能让别人看到纸条上的内容。游戏开始后，每个人根据自己手上所掌握的信息，参与小组讨论，然后确定本小组信息所指向的地点。每个小组的地点最好能够不一样，这样能增加游戏的趣味性。能够指出正确地址的小组游戏成功，否则游戏失败。游戏限时5分钟，到时间后未能找到正确位置的小组同样视为游戏失败。

游戏五：谁是卧底。

同样使用上面的地图，并呈现在黑板上。提前准备一些小卡片，发给每位组员一张（可以让学生互相设计，如让第一组设计卡片，供第二组使用，以此类推），每张卡片上都有一个英语单词，表示地图上的一个位置。除了一位组员以外（称为卧底），其他组员的单词所表示的位置都相同。互相之间不能交换卡片，也不能让其他人看到卡片上的内容。游戏开始后，学生轮流说出卡片上位置的一些信息（如它的大概位置、它附近的建筑、如何从学校到达该地点等，但不能直接说出单词及其发音），学生不能重复其他人已经说过的话。每人说完以后，大家猜谁的卡片内容是不同的（卧底）。游戏时间为5分钟，时间到了以后，学生统一翻开卡片。如猜测正确，则游戏成功，否则游戏失败。

有了前面的语言知识基础，加上游戏本身充满趣味性和挑战性，学生就会忘掉顾虑，积极参与到游戏中来，这是一个良性循环的过程。需要注意的是，在课堂活动和游戏过程中，教师不要随意打断学生的表达。不管学生是对是错，是流畅自如还是结结巴巴，是张嘴就来还是照本宣科，都要耐心地等待。对于表现突出的小组和学生，可以给予适当的表扬和点评；对于表达不流利，甚至有错误，但又能够努力去学习的学生，要及时发现其闪光点，在适当的时候给予鼓励。对于存在问题较多的学生，可以在课后单独帮助其纠正，但不宜公开指出其问题。学生会在互相学习中不断纠正自己的发音和表达。一旦教师对学生的口语给出优劣等次的评价，学生张嘴之前就有了顾虑，不自信的情绪就会开始滋生，后面的教学就不好开展了。反过来，学生一旦大胆开口参与，就会在不断的交流中树立信心，从而主动参与到游戏中来。

学生失掉自信力了吗？其实这是一个伪命题。学生的自信一直都在，只是人为设置了过高的门槛，并给他们的自信加上了枷锁。只要教师搭好桥、铺好路，撤去关卡，打开枷锁，用丰富多彩、趣味盎然的游戏活动激发学生的好奇心和好胜心，学生的自信就自然而然地迸发出来了。

三、把自信写满脸庞

学生正处在青春如火的岁月里，一如早晨的太阳，喷薄欲出，蒸蒸日上。他们的脸上应当充满阳光、写满自信，那是花季该有的色彩，那是雏鹰天生的本能。教育本应全面释放学生的能量，充分展示他们的力量，让青春的岁月伴着骄阳的节律跳动，然而很多时候，我们所做的事情却恰恰相反。

英语教学，不应该只有ABC，鼓励学生多开口，多动脑，多总结，把英语课堂还给学生，充分调动他们的积极性，让学生成为自信、自强的好少年。

学生乘着阳光来，就应当与阳光同行，让阳光照进心底，把自信写满脸庞，笑对忧伤，快乐奔放。

人不可貌相

——以七年级下册Unit 9 *What does he look like?* 为例

在《中国学生发展核心素养》中，以培养全面发展的人为核心，分为文化基础等三个方面，综合表现为人文底蕴等六大素养，具体细化为国家认同等18个基本要点，审美情趣是其中一个基本要点。审美情趣是指能理解和尊重文化艺术的多样性，具有发现、感知、欣赏、评价美的意识和基本能力，具有健康的审美价值取向等。

青少年正处于生长发育期，自我意识增强，具有表现自我的强烈愿望。在多元文化的冲击下，青少年心智还不够健全、价值观还处于成长阶段，他们的审美判断力还没有成型，极其容易迷失自我、随波逐流。学生进入七年级第二学期，有了比较显著的变化。首先，身体形态发生显著变化，如高、矮、胖、瘦、壮、弱等各不相同，身体机能逐步健全，体力增强，精力旺盛；其次，心理也相应发生了变化，自我意识增强，具有了一定的知识经验和独立生活能力，对新鲜事物感到好奇，喜欢标新立异、追求美丽时尚等，注意塑造自己的外表形象，希望得到老师和同学的认同与赞赏，但对于美的认识和理解还相对比较片面。例如，有些男生认为美就是留酷酷的发型、穿名牌运动鞋等，有些女生通过化妆打扮来表现美，有些学生盲目追求、模仿流量明星的穿衣打扮和行为，更有甚者痴迷于追求外貌的完美，进行外貌上的"改造"，带来了盲目跟风整容、过度关注自我、审美观被带偏和伤害身体健康等问题。

那审美教育最终要达到什么目的呢？美应该是怎样的呢？如何在教学过程中渗透美的教育，让美扎根于学生心中，使学生成为全面发展的人呢？基于此，教师需要在英语教学过程中设计一些相关的教学活动，选取适当的教学材料来开展教学，以达到情感教育的目的。

七年级下册Unit 9 *What does he look like?* 的话题是Physical appearance，这个话题与学生的实际生活密切相关，容易引导学生进行交际与交流。本单元的隐性人文素养还体现在不要肤浅地以貌取人，但这在教材中并无具体体现。汉语有"人不可貌相，海水不可斗量"，英语有"Don't judge a book by its cover."，每个人对美都有独特的理解，要引导学生了解，无论中国文化还是西方文化，都应该端正自己对容貌的态度，注重提升自己的内在修养与能力，丰富自己的人生。

在实际教学活动中，可以通过挖掘教材内容引导学生发现美、认识美、理解美、发展美。

首先，通过听说活动，让学生学会描述人的外貌。教师可以选择一些具有代表性的名人图片展示给学生，激发学生用英语描述他人外貌的兴趣，同时引导他们观察思考这些人物虽长相、身高、体格等各不相同，但是为什么并不会影响人们对他们的喜爱？那是因为他们都有自己的才华，在各自的领域都成就了一番事业。从而让学生明白外貌是外在的，以貌取人是肤浅的，需要端正自己对外貌的态度，学会悦纳自己的外貌，莫失初心，要理解对外在美的追求需符合时宜，不要过度，要理性、警惕对待。美更应该体现为一个人的内在修养和能力。我们可以通过后天的努力不断提升自己的内在修养、增强自己的能力，让学生明白"人不可貌相"是我们应该努力而为之的。

其次，通过小组活动——"描述同学或自己的外貌特征"，让学生从身高、体格、头发、脸型、五官、眼睛、配饰、衣着、给人的整体主观印象等方面进行问与答，帮助学生巩固本单元重点语言结构和功能项目，训练学生的口头表达能力，与此同时，引导学生善于发现他人的优点，学会接纳他人的不同，表达自己的观点，学会赞美别人，使学生在人际交往中学会尊重、关心和理解别人，从而更好地与他人相处，进一步明白"人不可貌相"的意义所在。同时，针对最近班上出现的一些现象，如女生化妆等，让学生发表自己的看法。爱美之心，人皆有之。学生们追求美是正常的，但是要分场合，懂礼仪。初中生化妆上学，与身份、场合不符。这样做不但没有使自己变得更美，反而弄巧成拙。

对于教材部分内容不足的，教师可以根据教学主题选取趣味性浓、时代感强、正能量足的适当的课外材料，如关于Stephen William Hawkins等不是靠所谓的颜值而是靠才华为世人所敬仰的名人语篇材料，将其融入课程中，通过语篇分析，让学生开阔视野，引导学生思考：作为中学生，我们想成为什么样的人？准备怎样实现自己的梦想？这在一定程度上加强了对学生的人生观、价值观、世界观和人文素养的教育。

人，不可貌相也；勿因丑而疏之，勿因美而亲之；真美乃心之美，非外美能抵也。学生不仅有知识和能力发展的目标，还有人格精神养成的目标，成为各方面和谐发展的全人，成为国之栋梁。

全世界烹出"中国味"

——以七年级下册Unit 10 *I'd like some noodles.* 为例

随着我国经济的不断繁荣，外国游客的身影也越来越频繁地出现在我们身边。越来越多的外国人喜欢"下馆子"，点中餐。学生作为社会主义事业的建设者和接班人，不仅要学习外国的餐饮，更要了解中国饮食文化，让外国人不仅品尝美食，更了解其中蕴含的文化底蕴。

在《义务教育英语课程标准（2011年版）》中，"文化意识"是五维目标之一，是指对中外文化的理解和对优秀文化的认同，是学生在全球化背景下表现出的跨文化认知、态度和行为取向。文化意识体现英语学科核心素养的价值取向。我国学生学习英语的价值之一，就是文化输出，传播博大精深的中华文化。这是我们的文化底色，也是自信之本。中华美食文化就是其中的重要部分。

那么，如何在英语课堂中融入中华美食文化呢？在七年级下册Unit 10 *I'd*

like some noodles.这一课中，就可以进行一个很好的渗透。本单元的主题是食物（food），语言目标是点餐（order food）。Section A 主要通过点餐这一话题引导学生认识常见的食物及常见的点餐句型。Section B 在话题上进行了延伸，从"下馆子"延伸到了"点外卖"。阅读理解*Birthday Food Around the World*更是融入了世界各地关于生日的不同饮食文化，培养了学生的国际视野。但笔者认为，还可以进一步挖掘和补充。

一、增强美食文化自信

现在有些孩子，对西餐——牛排、汉堡等非常熟悉，但是对于中餐却觉得其廉价，不愿启齿，尤其是对面条、馍馍之类更是不屑一顾。这就是一种文化的不自信。Section A的听说情境，是在一个颇具中国特色的面馆里，这是一个很好的切入主题。笔者在开启新单元的引入部分，展示了某网红的视频。该视频是以中华传统美食为主线的，春吃笋子，夏收莲藕，秋拾板栗，冬熬姜汤。让学生带着以下几个问题观看视频：

Is she out-of-date?

Why is she so popular?

What makes her successful?

尽管七年级的学生还不能很好地回答前两个问题，但是出于对新鲜事物的好奇，他们还是在思考。有学生脱口而出："Chinese food makes her successful."是的，每天在农村烧制中国菜肴的她为什么能够成为网红呢？是我们的传统美食文化造就了她的成功。

二、增强美食文化底蕴

在学生有了文化自信和认同之后，便可以开启他们的美食文化之旅了。教师在教授本单元的语言知识和语言技能的同时，应拓展学生的创新思维，增强学生的文化底蕴。在3c的小组活动中，笔者设计了一个"谁是翻译小能手"的比赛，让学生翻译中华特色美食，最后小组互相评价（表1）。

表1　中华部分特色美食清单

炸春卷		宫保鸡丁		臭豆腐	
蒸虾饺		手打牛肉丸		炸鱼球	

　　教师在活动之前应该先教授一些基本的翻译技巧，运用直接命名法，如拍黄瓜——Smashed Cucumber；以人名地名翻译，如东坡肉——Dongpo Pork。也可以用现在流行的汉语拼音法，如担担面——Dandan Mian。或者用更形象的直观法，如肉夹馍——Chinese Hamburger。活动中，学生十分活跃，每个人都有不同的想法，连平时比较害羞的学生都跃跃欲试，想为家乡的美食炸鱼球取个好听的名字。在教育教学中，笔者没有给出最终的"正确答案"，而是发展学生不同的个性需求，多使用激励性语言，鼓励学生发展多元思维，使学生能通过迁移创新，把英语的语用能力和美食文化有机结合起来。

　　2019年广东省中考英语作文的题目，就是向英国某姊妹学校介绍广东文化，内容之一为介绍两种广东食物。如果学生平时有上述活动的积累，一定可以写出一篇彰显文化底蕴的好文章。

三、传播美食文化精髓

　　课程标准指出：文化学习不仅需要知识的积累，还需要深入理解其精神内涵，并将优秀文化进一步内化为个人的意识和品行。这是一个内化于心、外化于行的过程。所以学生学习完这个单元，不仅要学会表达点餐的词汇和语言技能，更应该在实践活动中感受中华美食的精髓。为此，笔者设计了一个课后的实践作业：利用周末，为家人烹饪一道中华美食，并记录制作过程或者其中包含的地域、历史典故。

　　学生积极参与，菜肴五花八门：番茄炒蛋（Fried Eggs and Tomatoes）、素炒三丝（Fired Three Vegetables）、老火靓汤（Slowly Cooked Soup）……最多人做的是饺子（Dumpling）和粽子（Zongzi）。对于七年级的学生来说，

表述其中的典故也许有些难度，但是教师要充分相信他们，学生的能力一定会给你惊喜。例如，"Dumpling is a kind of Chinese food. We eat it on Spring festival." "On the Dragon Boat Festival，we eat Zongzi. It's a healthy Chinese food."这样的句子，已经具备跨文化沟通的能力。如果有交换生来做客，我们的学生一定会烹出"中国味"。

中华美食是中华文化的一个窗口。随着"一带一路"倡议的提出，中外交流日趋频繁，中国优秀传统饮食文化在"一带一路"倡议的引领下传播到了全世界。教师应当在课程中融入传统饮食文化，引导学生认识、理解、认同、传播这种文化，这样方能体现英语课程对于我国社会发展和学生发展的价值。

牢骚太盛防肠断，风物长宜放眼量

——以七年级下册Unit 11 *How was your school trip?* 为例

在管理班级的过程中，笔者最怕处理学生之间的矛盾。别小看了这些"小打小闹"，不但影响班集体的团结和谐，处理起来也最令人伤神。学生每天相处时间很长，在相互陪伴的过程中，会产生一些小摩擦或者小分歧，他们甚至有可能因为一个玩笑、一个眼神、一声不经意的笑而起"干戈"，引发不愉快。初中阶段刚好是青少年身心发展较快的一个时期。他们自我意识强烈（如思考问题或进行判断时受自己需要和情感的强烈影响），但心理发育不成熟（如不能全面、辩证地分析问题、解决问题，抓住一点而不计其余），他们希望得到别人的认可，但有时表达方式又不够正确。因此，教师必须提前考虑问题，在学生发生矛盾之前，对学生进行心理疏导、干预与教育，这样才能有效防止这些恼人的"家务事"发生，否则，教师就会充当"前线救火员"，忙碌异常，却又徒劳无功。只是学生问题千千万万，如何预设他们之间的矛盾？具体矛盾根本无法预设，笔者只好另辟蹊径，先考虑矛盾的源头。细想之下，不难发现，无论什么原因引起的不快，归根结底在思想——学生想法不同，对事情的看法不同，就会导致这些小事情的走向不同。有学生心存介怀，非要争个输赢，要个面子；有学生一笑置之，不卑不亢。无疑，后者比前者拥有更宽广的心胸、更好的品德。所以，在日常学科教学中渗透德育，培养学生的辩证思维，教会学生正确看待事情，促使其良好品德的养成，十分重要。

七年级下册*Unit 11 How was your school trip?* 的语篇里就有这样一个切入点。本单元以"学校旅行"为主题，以同学之间谈论各自的游览经历为背景，展开各种形式的课堂活动。Section A围绕学校组织的农场之旅展开，着重描写了乡村生活，Section B在section A所学的基础上，围绕单元话题进一步丰富学校旅行的内容。学生在Section 2b中阅读关于学校旅行日记的两个语篇，找出日记中的描述性形容词，通过对比形容词来总结两位作者关于同一旅行经历的不同态度，思考对同一事件，积极的态度与消极的态度会带来什么样的不同。具体的操作如下。

第一步，通过思维导图，带领学生总结语篇形容词

对比如下（图1）：

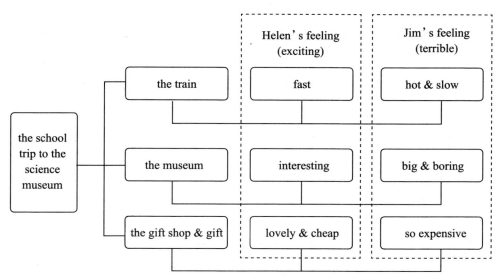

图1 思维导图呈现Helen和Jim对school trip的不同态度

通过对比，学生不难找出两种截然不同的态度，对待同一件事，Helen的态度比Jim要阳光、积极、乐观。

第二步，寻根究底——Why did Helen and Jim have different opinions about the same trip?

思维一旦被激活，生生之间就会互相启发，互相促进。他们从自己的经验出发，罗列了Jim态度不积极的原因，如：

He wasn't interested in museum, he would like to go...

He argued with his friends（brothers）...last night.

His teachers/parents criticized him last night because of...

He got too much homework.

After the school trip, Jim had to write a diary entry, and he didn't want to do it.

He would like to take some snacks, but the teacher didn't allow him to bring them.

He lost his game last night.

……

"学贵有疑。"疑是思考的动力，有了"疑"就会去探究、去争论、去交流、去分析，思考、讨论是学生最大的乐趣。不过初中生处于半成熟、半幼稚的阶段，他们在分析问题时，会从自己的经验出发，经常被事物的个别特征或外部特征所困扰，难以深入事物的本质，思考问题过于表面化。因此无论给七年级的学生多少时间讨论，他们都不会把Jim的消极态度归因到"心态"这个点上，这就需要教师的主动引导。

第三步，换位思考——If I were Jim, I would like to...

这次小组讨论运用了角色代入的方法，思考如果自己碰到上面的不愉快，应该怎么做。学生从实际出发，给出了不少好建议，如：

Talk to my friends.

Ask my teacher not to give us too much homework.

Tell the teacher we would like to have a trip to...

……

这个活动既有出发点又有落脚点，部分学生在学校组织的研学活动中也有类似的情感经历。通过第三方身份，不少学生明白了在研学过程中遇到的所谓"不愉快"，很大一部分的原因是自己的心态没有摆正。

第四步，教师点题——It's up to you!

在这个环节中，学生以小组为单位，分享他们所知道的一些逆境成才的小故事。有的学生讲述了习近平总书记的人生从"负数"开始的小故事，还有霍金、苏东坡……看来学生在超长寒假中变化还真不少，他们学会了正面思考，思考积极、乐观的精神会给自己带来什么不同。最后，教师点题总结：归根结底，要以宽广的胸襟、长远的眼光辩证地分析问题，排解心中的"牢骚"、生活上的"浊事"，保持积极向上的人生态度。

学会自我管理，迈向新的人生

——以七年级下册Unit 12 *What did you do last weekend?* 为例

为了响应国家在疫情期间"停学不停课"的号召，很多学校开展了线上学习。线上学习，缺少了教师的监管和师生之间的互动，不同学生的学习效果出现了巨大的差异。自律自强的学生会合理安排自己的学习，收获满满；自我管理水平差的学生不知道自己该怎么做，学习效果很差。归根到底，这是一次自我管理水平的较量。

教育学家苏霍姆林斯基说："真正的教育是自我教育，是实现自我管理的前提和基础；自我管理是高水平自我教育的成就和标志。"自我管理是全方位的德、智、体、美、劳等方面的自我管理，自我管理能力是一个人成长、成才、成功的基础性、关键性能力，是一个人立足于社会、实现个人价值与理想的必备能力。

学生自我管理能力的培养是其全面发展的一个重要方面。在提倡素质教育的新形势下，挖掘学生自身潜能，培养学生的自我管理能力，显得尤为重要。学生是发展中的人，他们的生理水平、心理水平、智力水平、审美水平、社会经验等处于不断发展中，他们的世界观、人生观尚未形成，他们的自我管理水平也是一个不断提高的过程。

作为教师，应该怎样通过教育教学活动来培养学生的自我管理能力呢？

Unit 12 *What did you do last weekend?* 是七年级的最后一个单元，本单元的话题是"周末活动（weekend activities）"。本单元以叙述周末或假期的经历为主线，运用一般过去时谈论一些常见的周末活动。Section A和Section B两个部分基本都是围绕周末活动展开的，Section A通过对话实现语言输入，Section B通过语篇材料实现语言输出，让学生增长了知识，开阔了视野，同时了解国外学生的周末生活，学会评价周末生活，学会自我管理，为即将到来的暑假生活做准备。

七年级学生，由童年时期过渡到少年时期，他们的知识经验存在局限性，思维的发展有限，看问题处于直观和感性阶段，自我管理意识比较差，因此顺应初中生身心的发展规律，培养他们的自主管理能力非常重要。作为英语教师，需要在英语教学中给学生做一些引导具体策略如下。

策略一：思考周末的意义

在听说课型的教学中，可以让学生分成小组，在小组中用英语介绍自己周末的安排，再让学生利用自己掌握的英语知识去表达自己的想法，如"I played basketball with my friends last weekend."。这样的氛围既可以锻炼学生的英语表达能力，又可以促进学生之间的情感交流。通过"What did you do last weekend? "这个问题的交流，学生了解了同学的周末是如何度过的。对话交流后发现，学生的周末活动有很大不同，有一些学生能合理自主地安排周末时间，不但能安排好自己的学习，而且能坚持自己的兴趣，如弹琴、画画等，做到学习娱乐两不误，劳逸结合，做一个有趣又丰盈的人；而有一些学生一到周末就会处于完全失控的状态，作息不规律，要么沉迷电子产品无法自拔，要么一天到晚睡大觉，甚至连学校作业都无法完成。这就需要教师引导学生思考周末的意义及怎样合理规划周末生活。

策略二：何为有意义的周末

在教学过程中，可以让学生观看关于美国或其他国家学生过周末或假期的英文视频，使学生进一步了解国外学生的周末和假期生活，同时思考何为有意义的周末和假期。例如，在美国，很多学生和家长会提前做好规划，利用周末或假期去学习才艺、做自己感兴趣的事、做义工、阅读、和家人共度时光等。

同样地，教师可以鼓励学生在放松的同时学会把自己的周末或假期过得有意义，做一些对社会有意义的事情，如去敬老院做义工等。参加丰富多彩的社会活动，进行人际交往，可以使学生正确地了解自己，积极主动地解决自己所面临的各种问题，在解决问题的过程中，提高自己的自我管理能力，让自己的周末过得更有意义，使学生学会担当。

策略三：学会自我规划，做好自我管理

在学好教材语篇的同时，可以给学生增加一些关于善于自我管理的名人的语篇，开阔学生视野。

张弛有度才是生活本色，自我管理方显价值人生。因此，教师要帮助学生建立自信、拥有自爱、学会自律，这样他们内心就会种下成功、幸福和自由的种子。种子一旦发芽，学生的行为就会变得正向，充满希望，产生感受，学生就会在爱中得到滋养，在规则中学会边界，迈向新的人生，不辜负每一天。

人教版Go for it! 八年级上册

活用教材载体，爱家爱国更具体

——以八年级上册Unit 1 *Where did you go on vacation?* 为例

2019年9月16日，习近平总书记在河南参观鄂豫皖苏区首府革命博物馆时强调："革命博物馆、纪念馆、党史馆、烈士陵园等是党和国家红色基因库。要讲好党的故事、革命的故事、根据地的故事、英雄和烈士的故事，加强革命传统教育、爱国主义教育、青少年思想道德教育，把红色基因传承好，确保红色江山永不变色。"

教育部颁布的《义务教育英语课程标准（2011年版）》在关于课程基本理念中提出："学习一门外语能够促进人的心智发展，有助于学生认识世界的多样性，在体验中外文化的异同中形成跨文化意识，增进国际理解，弘扬爱国主义精神，形成社会责任感和创新意识，提高人文素养。"

然而在实际的教学中，部分一线英语教师不懂得对教材进行深挖，不善于活用教材载体，总觉得教材中体现爱国主义的内容较少，难以在所教知识中有机融合热爱家乡、热爱祖国的情感教育。其实一线教师完全可以从小处着眼，活用教材载体，巧增教学内容，将爱国主义的大道理渗透得更具体、更有效。八年级上册Unit 1 *Where did you go on vacation?* 以话题 "holiday and vacation" 撬动整个单元的听、说、读、写课堂教学活动，具体的教学内容与学生的实际生活息息相关，易于激发学生的学习兴趣。同时八年级学生正处于13～14岁的年龄，迎来了他们人生的第二次生长发育期，伴随着生理发育的急剧变化和青春期心理的萌动，他们渴望参与体验与感受新的东西，希望得到认同与肯定，自我独立意识增强。学生的这些身心特点都会直接或间接地影响课堂教学的效果，需要教师合理利用学生好表现、乐于开口、积极性高的特点，准确挖掘教材的文本内涵，科学设计教与学的活动。现代社会的生活节奏决定了学生的暑假生活是多元的，因此开始本单元教学前教师应该先开展一次问卷调查，初步了解学生的暑假生活，并统计分析问卷调查的结果，为接下来的教学活动提供数据支撑。这样，在开展"与同学共同回忆假期"的话题讨论活动时，教师就可以将有共同经历的学生安排在同一个小组，这样更容易使学生产生认同感与"交流磁场"，促进师生和生生之间的情感交流，从而培养学生团结、友善的精神，增进友谊。

Section A 2d是外国学生Rick和Helen谈论假期生活的对话，其中Helen谈到她假期到贵州参观黄果树瀑布的美好感受。教师在设计这部分的教学活动时就需要进一步挖掘教材内容，根据前期的问卷调查，安排曾经参观过黄果树瀑布的学生用英语分享他们的感受，让其他学生对我国的自然美景（黄果树瀑布）有更多、更深的了解。教师还可以借机简要介绍其他瀑布，如壶口瀑布、德天瀑布、银练坠瀑布、大龙湫瀑布等，增强学生对祖国大好河山的热爱，为学生讲好中国故事奠定扎实的素材基础。

此外，Section B 3a谈到了"Tian'anmen Square、the Palace Museum、Beijing hutong"等名胜古迹，在完成这部分内容的教学时，教师同样可以因势利导，引导学生共同列举王府井、天坛公园、明十三陵和八达岭长城等北京市的其他名胜古迹，进一步强化学生对"我们的祖国是四大文明古国之一，文明中外的名胜古迹多"的认识，增强学生的爱国主义情感，同时还可以契合本土的古遗迹或古建筑，引导学生仿写这些古遗迹或古建筑的英文简介，培养学生热爱家乡的情感。在布置写作的作业（或练习）时，教师可以引导学生合理规划自己的假期生活，使学生养成良好的假期生活习惯。

这些学习内容的充实，不仅给英语课堂教学赋予了灵魂，也给了学生一双审美的慧眼，引导学生善于发现家乡的美景，学会欣赏祖国的大好河山、山川美景和名胜古迹，让学生热爱家乡、热爱祖国的情感油然而生。

身心健康从业余生活开始

——以八年级上册Unit 2 *How often do you exercise?* 为例

黄解放先生在《当今学校人才培育缺少什么》一文中讲述了这样一个故事。

一名记者采访一位诺贝尔奖获得者，记者问："您在哪所大学学到了您认为最重要的东西？"那位诺贝尔奖获得者平静地回答："在幼儿园。"记者接着问："您在幼儿园学到了什么呢？"诺贝尔奖获得者说："学到把自己的东西分一半给小伙伴；不是自己的东西不要拿；东西要放整齐；饭前便后要洗手；要诚实，不撒谎；打扰了别人要道歉；做错了事要改正；大自然很美，要仔细观察大自然。我一直按幼儿园老师教的去做。"

这个故事告诉我们好行为、好习惯是受用一生的财富，是一个人事业成功的必备品格，其价值远远超过拥有海量的书本知识和考试分数。然而一份调查报告反映，目前，中小学生的课余生活受到现代休闲方式和繁重学业负担的影响，郊游、野餐、爬山等传统户外休闲方式已悄然退出了学生的课余生活，取而代之的是看电视，上网，上校外辅导班、兴趣班和玩电子游戏等室内活动。这使学生的课余生活面窄小、锻炼时间减少、运动强度变弱等诸多问题，严重影响了学生的身心健康，教师需要引导学生重视好习惯的养成。

根据英语的学科特点，在课堂教学中渗透学会学习、健康生活两大素养是非常重要的。八年级上册Unit 2 *How often do you exercise?* 围绕"谈论课余生活"这一主题进行了一系列听、说、读、写活动，不仅学习了频度副词、百分数、饮食词汇（短语）的表达及对某人从事某一活动的频率进行询问和应答，单位时间内频率次数的表达及相关问答，还是一些课余活动的表达法等英语语言知识学习的重要载体，也是落实和培养学生学会学习、健康生活两大素养的主要路径。可是令人遗憾的是，很多一线教师课前未能从核心素养的角度去认真研读教材内容，没有将培养学生学会学习、健康生活素养作为终极目标，精心设计本单元的学科活动，只关注知识的容量和难度。其实，在本单元的教学中，可以在不同的教学环节中增加一些学生熟悉的课余活动内容，并引导学生讨论哪些课余活动更有利于自身的身心健康，化简单的说教为自省的内化，将课堂教学的知识本位提升到育人本位的高度。例如，在Section A的听说活动中，除了教材中出现的help with housework（帮助做家务）、go shopping（购物）、watch TV（看电视）、exercise（锻炼）、read（阅读）五个方面的周末活动外，还可以通过图片介绍其他周末活动，如visit grandparents（看望祖父母）、watch movies（看电影）、have a picnic（野餐）、go for an outing（郊游）、volunteer（做义工）、climb mountains（爬山）等利于学生身心健康的周末活动，引导学生大胆说出自己喜欢的周末活动和理由。在进行说的教学时，可以结合语法目标要求，采用两人问答、小组调查，然后以第三人称汇报的形式，这样既练习了对话又强化和巩固了语法。

Section B 2b的阅读材料*What Do No.5 High School Students Do in Their Free Time?* 是一篇很典型的调查报告文体，教师应该让学生运用跳读策略查找百分数并填写好饼状图，分析报告特点和框架，让学生掌握此类文章的阅读技巧，同时也为写作做好铺垫。

此外，教师在教学Section B的3a部分时，要引导学生正确区分good habits和bad habits，让学生深入讨论，说出自己或身边同学还有哪些不良习惯（或坏习惯）。这样不仅可以为Section B 3a填写健康调查问卷奠定语言基础，也可以进一步引导学生健康生活，养成良好的生活习惯。

好性格、善交往成就最好的自我

—— 以八年级上册Unit 3 *I'm more outgoing than my sister.* 为例

八年级上册Unit 3 *I'm more outgoing than my sister.* 是初中五册英语教材中唯一以personal traits为话题的教学单元，是引导学生学会交往的重要桥梁和支撑点。英语教师必须牢牢把握本单元的育人价值，并在教学过程中逐步渗透。

性格是指一个人对现实稳定的态度及与之相适应的习惯化的行为方式，它在人的个性中起着核心的作用，是一个人区别于其他人的集中表现，体现出一个人的社会性，影响着人的成长。本单元出现的描述积极性格特征的仅有outgoing、hard-working、talented等几个形容词，难以达到通过本单元的学习引导学生形成良好性格的终极目标。教师需要对教材内容进行重组，适当增加patriotic、helpful、honest、modest、self-confident、friendly等一些描述积极性格特征的形容词，让学生在练习、运用这些形容词时，思想也得到熏陶，情感得到升华。

八年级不仅是学生身心发育的关键时期，也是学生个体社会化的重要时期。在完成社会化的进程中，人际交往是必不可少的一项能力。然而由于自身、家庭、学校、社会等多方面的影响，一部分初中生在交往方面出现了不会交往、不敢交往等一系列问题，这对于他们现在及今后步入社会都是不利的。因此，充分挖掘本单元的思想内涵，培养学生的人际交往能力，帮助他们形成正确的交往准则，促进他们人际关系的和谐是本单元教学中不容忽视的首要任务。Section B围绕a good friend should be like...这个主题开展了一系列听、说、读、写活动。笔者认为，单纯地让学生讨论什么是好朋友还不够，还应该不失时机地引导学生认识孤僻自私、懒散、马虎、浪费、自暴自弃、自卑和争强好斗等消极性格特征，学会反思自己，自觉修正自身的消极性格，并耐心帮助身边的同学、朋友改正缺点，争做素养高、三观正的好学生。

余文森教授说："没有深度的课堂，必然是平庸、表层的课堂；没有温度的课堂，必然是机械、乏味的课堂。"在本单元的教学设计中，我们绝不能止于学生学科知识的学习，应转向通过知识获得教育，让学科知识成为促进学生发展、良好性格养成的文化资源和精神养料，这样才能让我们的课堂既有深度又有温度。

"数"家乡之最，育最真乡情

——以八年级上册Unit 4 *What's the best movie theater?* 为例

乡情是人类最古老、最朴素的情感。乡情教育不仅是素质教育的内容，也是开展爱国主义教育的重要载体与主要途径，对青少年学生进行有效的爱国主义教育就要立足于乡情教育。习近平总书记在《知之深　爱之切》一书中谈到自己的乡情时指出："要热爱自己的家乡，首先要了解家乡。深厚的感情必须以深刻的认识做基础。唯有对家乡知之甚深，才能爱之愈切。"爱国就要从了解和热爱家乡开始，热爱祖国是热爱家乡的发展和延伸。

英语学科和语文学科一样，具有工具性和人文性的双重属性，在德育渗透方面具有其他学科难以比拟的先天优势。初中英语教材中的语言材料话题涉及面广，这些话题蕴藏着丰富的可用于对学生开展乡情教育的资源，将浓浓的乡情转化为强烈的爱国主义情感。例如，人教版初中英语八年级上册Unit 4 *What's the best movie theater?* 以your town为话题，以学习形容词最高级为功能目标，依次呈现了the best movie theater、the best clothes store、the best restaurant、the best singer/dancer等语言材料。该单元本应是对学生进行乡情教育的良好契机和有效桥梁，可是笔者在参加集体备课、公开课、汇报课等教研活动时发现，许多一线教师由于不深入研究教材文本，不善于开发利用这些资源，不知道挖掘教育潜力，仅仅将"了解我们周围有哪些最出色的人或物；知道生活中有很多值得我们去学习的人，周围环境中有很多值得我们去珍惜的事物"作为本单元的情感价值观的培养目标。很显然，这样的定位既没有高度，也没有广度无法达到学科育人的价值。

俗话说："一方水土养一方人。"不同地域的人，由于环境不同、生存方式不同、地理气候不同，思想观念和文化性格特征也不同，每一个人在成长的过程中都会烙上语言、饮食、生活习惯、传统风俗等乡土烙印。在适合的语言学习环境中对学生进行鲜明的引导，学生热爱家乡的崇高情感就会油然而生，为以后投身家乡的建设和发展奠定坚实的情感基础。因此，笔者在人教版初中英语八年级上册第四单元教学中并没有拘泥于教材，而是从帮助学生了解家乡的历史古迹、地理风貌、风俗习惯、文化教育、经济社会和革命故事等诸方面的基本情况出发，对教学内容进行了大胆的重组和增删，突出介绍了origin of place names in Henglan（横栏地名由来）、Salt Water Song（咸水歌）、Dragon Boat Skimming（掠龙舟）、lion dance（舞狮）、Qinglong Bridge in Liusha（六沙青龙桥）、the villagers from Sisha fought against Japanese invaders（四沙村民抗击日寇）等具有浓厚横栏地方特色的历史遗迹、风俗习惯、传统文化和革命故事。学生第一次通过英语的形式来了解这些他们耳熟能详的内容，有新鲜感，表现出了浓厚的学习兴趣，也为他们用英语讲好家乡的故事奠定了语言基础。

笔者在学科活动方面也进行了较大的调整。由于Section B 3a～3c的内容对学生而言比较陌生，难以引起学生的共鸣与兴趣，删除这部分学习内容对学生英语语言知识的学习和应用能力的提升不会有任何影响，所以在教学中笔者将这部分内容删掉。当学生对家乡的历史遗迹、风俗习惯、传统文化和革命故事有了基本了解后，笔者则结合本单元的语法学习重点——形容词最高级，开展了"家乡之最我来说"的课堂互动活动，通过抛出"What's the best season in your hometown? What's the oldest/highest /newest building in your hometown?

What's the most famous historic sites in your hometown? What's the most delicious food in your hometown? And tell us why? "等最能触动学生心灵的问题，要求学生利用课余和周末时间到社区（村居）实地考察家乡之最、家乡之美、家乡的发展，通过采访年长者来了解家乡发生过哪些历史变迁，有什么传奇故事，有哪些先贤古圣及优良传统，同时做好详细记录并在班上交流分享。引导学生发现家乡的美景、好人好事和历史遗迹等，加深了学生对家乡的了解，扣住了学生乡情的心弦。最后笔者让学生以"the best place/things in my hometown"为题写一份简单的调查报告。这一体验活动不仅让学生的读写活动素材真实、有话可说、言之有物，而且激发了学生热爱家乡的感情。

实践表明，知情意行，知是情的基础，情是知的升华。在英语学科教学中，我们要牢牢遵循这一教育规律。本单元的学习既是通过英语学习和实践活动，让学生逐步掌握英语形容词最高级的知识，提高语言实际运用能力的过程，又是通过让学生接触大量关于家乡的感性材料，使学生的认识发生改变，继而激发学生的思想感情，发展个性和提升人文素养的过程。"数"家乡之最，育最真乡情，爱国主义这棵大树才能深深扎根学生心中。

健康娱乐，裨益身心

——以八年级上册Unit 5 *Do you want to watch a game show?* 为例

充分发挥学科教学的育人功能，引导学生从小树立健康高雅的娱乐观，追求健康向上的生活情趣，不仅是现实的需要，更是发展学生核心素养的需要。八年级上册Unit 5 *Do you want to watch a game show?* 以entertainment为话题展开教学活动，是引导学生树立健康娱乐观、选择自律休闲娱乐方式的好脚本、好契机。但是该单元的内容安排比较单一，先是让学生学会各种电视节目的英文表达，再让学生学会怎样用英语表达对不同电视节目及事物的好恶。本单元

93

的整体教学设计要建立在学生的认知发展水平和已有知识经验的基础之上，增强教学设计的针对性和预见性。学生在Unit 4已经学习接触了对事物进行比较和谈论自己喜好的话题，为本单元的学习做了知识铺垫，因此本单元的起始教学不要拘泥于教材，可以通过设问如"What do you usually do in your spare time? Do you often watch TV show in your spare time? And what is your favorite TV show?"等贴近生活的实际问题，将学生喜闻乐见与感兴趣的电视节目和电影话题切入进来，拉近课堂与生活的距离。

在进行Section B阅读部分的教学时，教师可以采用自主学习和小组合作探究的学习策略，通过让学生观看卡通片*Steamboat Willie*引出美国卡通形象Mickey Mouse，设问"Do you know something about the character Mickey Mouse? If you don't know any of Mickey Mouse，it's OK. Let's read the passage to get close to Mickey Mouse."从学生感兴趣的卡通片入手，有效激活他们的背景知识，引发学生对阅读内容的思考，让学生产生阅读期待，继而让学生通过阅读进一步学习美国卡通形象Mickey Mouse的发展历史和人们喜欢它的原因，了解卡通片在美国文化中的作用，引导学生形成正确的文化观念、积极的人生态度和价值观，培养学生的跨文化意识，使学生形成自己的个性和健康的娱乐情操。

德以成人，德以立世。道德品性是做人的根本，也是教育最本质的目的。人的质朴性就在于德行，教育的天然性就在于德育。将德育教育渗透于课堂是课堂教学的最终追求，本单元第四课时讲述的是木兰替父从军的简短英文故事。本课时的教学同样可以通过设计一些理解故事情节的问题，如"Why did Mulan dress up like a boy? What do you think of Mulan?"帮助学生体会故事讴歌的中华妇女的传统美德，传递人类热爱和平、呼唤和平的主题，引导学生学习花木兰的勇敢，虽然现在我们不用面对战争，但是，我们在生活中、学习中会遇到许多困难，面对这些困难，我们要像花木兰那样勇敢面对，绝不能屈服、害怕，要向花木兰学习，做个强者！

娱乐是青少年学生正常生活的重要组成部分，娱乐活动是他们和谐、平衡发展所必需的内容，其范围广泛，内容丰富多彩，方式灵活多样、生动活泼，对于青少年健康人格的发展有积极的价值。

规划人生，成就未来

——以八年级上册Unit 6 *I'm going to study computer science.*为例

少年强则国强，少年兴则国兴。在初中阶段对青少年进行职业教育是至关重要的。作为教师，要聚焦学生的优势特长，侧重于职业生涯探索，给学生引入职业规划理念，体现了跨学科教育的针对性和实效性。

初中英语教师应依据课程标准，深入挖掘英语教材中有关职业规划的素材，通过素材整合和课堂教学活动等一系列方法，将学科教学内容和职业教育巧妙融合，引导学生正确认识自我、树立良好的职业观、明确职业兴趣、合理制定职业规划，培养学生的选择能力和职业规划能力，更重要的是教给学生自我终身发展所需的核心能力与必备品格，实现立德树人的根本任务。

课程标准中提到英语课程主题内容包括三个维度——人与自我、人与社会、人与自然。八年级上册Unit 6 *I'm going to study computer science.*旨在让学生用表示将来时态的"be going to do"进行表述，帮助学生了解自己的兴趣爱好，并结合实际谈论自己将来的打算和意愿，最后为实现自己的梦想努力。教学内容环环相扣，符合学生职业规划的理念，同时体现了"人与自我"这一维度。

自我认知是个体职业发展的基础，让学生先了解自己的兴趣和优势，就可以为今后的职业选择打好基础。例如，某位学生对英语学科方面的事情比较感兴趣，那么可以建议该学生在学习中了解和英语学科相关的研究方向，包括文学、语言学、英美文化研究、翻译研究、翻译学、英语教学、国际新闻、同声传译、商务英语等。然后通过他们感兴趣的学科来确定专业，让学生大概明确自己未来的职业方向。教师可以通过设置一些英语问题帮助学生认识自我，如What are my interests？ What are my strengths and weaknesses？ What are my personalities？以上问题起到了抛砖引玉的作用，可以激发学生的自我认知，驱动学生生涯探索意识的产生。教师可以列举一些表现个人品质及性格的形容词，如hard-working、lazy、friendly、cruel，kind、selfless、mean、determined、honest、wise、active、generous、easy-going、reliable、unkind、brave、selfish、stubborn、devoted、handsome、famous、calm、lovely等，将这些形容词导入学生的自我认知，让学生剖析了解自己的个性特征，帮助学生分析出他们在性格方面的优势和劣势，进而引导学生了解适合自己的职业方向，"顺其性而为之"。

在学生明确了自我认知后，教师要进一步引导他们明确职业方向，激发他们树立职业观的意识。教师通过不同职业的图片展示引导学生完成Section A 1c部分的对话练习，并且引导学生根据黑板上提供的Cheng Han的信息，鼓励学生以小组为单位制订Cheng Han的计划表，如Cheng Han要做什么，在哪做，怎么做，什么时候做等。此外，教师还可以适当拓展材料，放一段国外初中生的英语视频，要求学生在观看的过程中记录视频中提到的职业名称，同时关注这些初中生选择这些职业的原因。学生看完视频后，小组比对他们的记录，讨论交换思想。学生代表分享喜欢的职业，教师将分享结果呈现在黑板上，根据学生的兴趣，依次排序最受欢迎的职业和原因，在师生和生生互动中，初步完成职业生涯规划建构，并激励学生采取相应的学习行动。

接着，要让学生结合自己的生活实际明白如何才能真正实现自己的愿望和理想，从事自己喜欢的职业。例如，在Section B的阅读中，resolution这个词的中文含义是"愿望"，在一定程度上也代表学生对职业的选择和对未来的规划。教师可以通过这些问题帮助学生了解有关resolution话题的几个要点，如When do people make resolutions？ Why do people make resolutions？ What kind of resolutions do people make？ How do people keep resolutions？ 等，让学生对文本的文眼"The best resolution is to have no resolution"进行深入思考，探讨要如何做才能实现自己的理想，从事喜欢的职业。同时，教师可以拓展阅读材料并结合疫情中涌现出的很多英雄人物，提出问题如What qualities does a great person have? 激发学生对于职业规划的深层认知，这对于帮助学生树立正确的职业观也有重要的意义。

最后，为了让学生把前三个阶段更好地内化，在最后一个课时可以设置求职演讲活动，如提供五个职业——钢琴教师、主厨、医生、杂志编辑、记者。学生根据自己的特长、性格、兴趣爱好，选择最感兴趣或者觉得自己最能胜任的职位，做一个求职应聘的演讲，同学和教师评价并给出建议。具体演讲内容如图1所示。

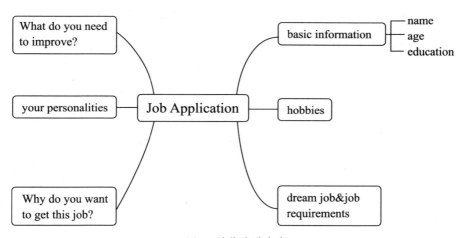

图1 具体演讲内容

综上所述，教师应以初中生职业生涯教育为出发点，深入研读英语文本教材，找出可以渗透职业教育的素材，挖掘出职业的共性和特性要求，引导学生思考自身与职业的关系，初步形成自己的职业规划。推而广之，各学科可以融合为一个课程整体，在对学生进行学科知识传授的同时，也要引导学生思考课本知识在工作中如何运用，发展学生的核心素养，进而引领学生决定自己的职业目标和发展方向，完成职业决策，最终实现自我价值和生命的意义。

未来已来，"智能"成长

——以八年级上册Unit 7 *Will people have robots?* 为例

全民"互联网+"的时代，人工智能、大数据、云计算等新兴技术的不断发展与突破，已为人们的未来开拓出新纪元，从信息化时代走向智能化时代已是意料之中的事。

2018年10月31日，习近平总书记在中共中央政治局第九次集体学习大会上指出：人工智能加速发展，呈现出深度学习、跨界融合、人机协同等新特征；要加强人工智能在教育、医疗卫生、体育、住房、交通等领域的深度应用；要整合多学科力量，加强人工智能相关法律、伦理、社会问题研究，建立健全保障人工智能健康发展的法律法规、制度体系、伦理道德。由此可见，智能时代是摆在全世界面前的新起点。

未知的将来和具有其特点的人工智能都将给教育带来新的挑战，这就要求教育将未来特点融入教学内容。就英语学科而言，同样承载着相关的育人使命。《义务教育英语课程标准（2011年版）》明确指出：义务教育阶段的英语课程具有工具性和人文性双重性质。就人文性而言，英语课程承担着提高学生综合人文素养的任务，即学生通过英语课程能够开阔视野，丰富生活经历，形成跨文化意识，增强爱国主义精神，发展创新能力，形成良好的品格与正确的人生观和价值观。由此，带领学生认识世界、憧憬未来、了解"智能"，树立正确的世界观、人生观和价值观，引导学生包容甚至敢于创新更加智能的未来工作方式和生活方式，英语学科责无旁贷。

八年级上册第七单元则与该育人思想不谋而合。Unit 7 *Will people have robots?* 的主题语境是未来生活。八年级学生相比七年级学生，有了一定的语言基础；认知结构也较为成熟，能够初步辩证地思考问题；对新鲜事物（如科技创新和人工智能）颇感兴趣，思维较活跃。在结合学生年龄、心理和认知特点的基础上，本单元语言素材恰当地引入未来生活和人工智能话题，不仅能激发学生的兴趣、满足学生需求，而且能促使学生开阔视野、拓展思维，还能完美阐释英语是承载信息的语言这一特点，适当降低部分学生对英语的焦虑感。

本单元以未来生活为主题，以学生畅想未来生活和了解机器人为切入点，以一般将来时为语言结构主线，带领学生畅想未来，踏入人工智能领域，培养学生的智能素养。Section A巧妙地将语言结构 "People will/won't.../Will people.../There will be..." 等与未来生活的样子和环境话题（The environment will...）相结合，引导学生利用已有生活经验畅想未来，猜测和推断未来的生活方式和自然环境等变化，培养学生的想象力及思维的广度和深度，刺激学生辩证性思维和批判性思维的发展，使学生树立环保意识，学会担当（everyone should pay a part in saving the earth），用具体行动（use less water and plant more trees）热爱自己的家园。该部分的教学内容完美迎合了英语学科核心素养思维品质和文化意识的培养目标，进一步将英语教学的育人价值体现得淋漓尽致。由此，在Section A部分，教师在侧重提升学生思维品质和情感态度（对未来充满憧憬）的同时，也要让学生有一定的危机感，进而引导学生成为有担当力、有责任感、有家国情怀、有全球观的青少年。

Section B的阅读素材题目为 "Do you think you will have your own robot？" 核心词锁定为think和robot。两个词之间的逻辑关系为学生自身对于机器人的认识和思考。基于此，本篇文章重点在于拓宽学生关于机器人乃至人工智能的知识面，进而刺激学生思考相关问题。本文从现在和未来的时间维度展开对机器人的探讨，引导学生在机器人现有图式的基础上，合理推测和想象未来机器人的样子，最后引出文章的主题句 "We never know what will happen in the future！" 教学过程中，读中环节，教师可根据段落特点和主题布置具有层次梯度的细节理解类问题或制作思维导图等任务，循序渐进地帮助学生理解文本所传达的信息。换言之，就是把握文章的行文脉络，探究文章中作者想通过什么方式来影响读者的价值观。读后环节则应以整个文本语篇的育人价值为落脚点，进一步为学生思考有关人工智能和未来生活方式等问题提供语用环境，培养学生辩证地看待问题，让学生发散思维，认知人工智能，为迎接未来做好初步准备。为了达到这样的育人目的，教师可结合多维度、多方位的方式在跳出文本的基础上回归文本，进一步升华"未来已来，'智能'成长"的育人价值。例如，教师可利用文本中第三段有关科学家就未来机器人是否可以think的问题开展活动，让学生发散思维，结合已有知识谈谈自己的观点；可以实事热点为辅，如有关柯洁和AlphaGo的围棋比赛，展开小组讨论，让学生进一步接触未来的人工智能。再者，教师可再次重申标题中的have，让学生领悟该词的意义——是选择buy还是make or design机器人呢？自然引出活动任务，即小组讨论设计机器人，描述其外貌和功能，进而培养学生的想象力和逻辑思维能力，发展智能思维。

带领学生解读文本后，教师在育人教育即情感升华部分可再次重申文本主题robot，利用首字母可将robot拆分为"r（R）aise your hands and o（O）rder it，you can just control your robot；but b（B）reak the rules，o（O）ffer the possibilities and think about it，you can create your robot"，让学生明白信息时代的特点：跟随，只需要知识，因为有路可循；领先，则需要创造，要有智慧，更需要勇气，因为无路可循。这样的育人教育在鼓励学生认真思考、敢于创新的同时，让学生不断地积累智能素材，让他们"智能"成长，为迎接未来挑战做准备。

未来已来，"智能"发展不仅仅指人工智能的发展，更强调教育，细化到各个学科促进学生的"智能"发展。教育要培养学生的创造力、创新力，要让学生有担当力、有责任感、有家国情怀、有全球观，而这些品质是机器不具备的。智能时代，国家必须从教育入手，才有可能赢得未来。对于教师而言，就是要追随"智能"的脚步，将所需的育人理念融入课堂实践，潜移默化地影响学生的人生观和价值观，乘英语学科核心素养的"东风"，真正实现学科的育人价值。

中西"穿越"，我们同行

——以八年级上册Unit 8 *How do you make a banana milk shake?* 为例

《义务教育英语课程标准（2011年版）》将英语学习分为三个阶段、九个级别，不同阶段的课程目标总体描述都特别强调英语教学中文化意识的培养。英语学习过程应成为学生形成积极的情感态度、主动思维、提高跨文化意识和形成自主学习能力的过程，倡导体验、实践、参与、合作与交流的学习方式和任务型教学途径，从而发展学生的综合语言运用能力。

传统的初中英语教学，教师比较注重对学生基础知识的传授，却忽视了对学生非语言能力的培养。语言和文化之间有着非常紧密的联系，语言的使用脱离了文化背景很容易出现偏差。例如，与外国人士见面打招呼时，会问道："Where are you going？""What are you doing？"这样的问话中国人可能习以为常，但是大部分外国人听了这些会不高兴，他们的反应很可能是："It's none of your business！"曾有这样一则笑话：在一次舞会上，一个美国人赞扬一位中国女士说："You look very beautiful today."这位中国女士赶忙谦虚地说："Where（哪里），where（哪里）."而这个美国人感到奇怪，只好说了句"Everywhere."。由此可见，不了解英语文化，就无法正确地运用它，这样容易造成文化偏差。在初中英语教学中，教师不能局限于传授英语词汇和语法知识，还要传授文化背景知识。只有对文化背景有一定的了解，学生才能更好地学习英语，进一步培养多元文化的敏感性，提高跨文化交际的能力。

跨文化交际能力的行为层面主要是指交际者的各种能力，如语言能力、非语言能力、变通能力、处理人际关系的能力、心理调适能力、适应环境的能力及在异文化环境中做事的能力等。语言是需要交流的，学习英语，一定要在相关情境中进行交流沟通，这样才能形成跨文化交际能力。由于条件限制，不是每个学生都有机会参加出国游学、中外交流等活动，教师应该在平时的教学活动中尽可能地通过视觉体验、角色扮演、合作交流等方式创设情境，增强学生跨文化交际的体验。

八年级上册Unit 8 *How do you make a banana milk shake?* 围绕"食物制作"这一话题展开，Section A呈现了食物制作的具体步骤，在此过程中让学生学会食物制作顺序的祈使句。Section B 通过让学生了解西方感恩节大餐——火鸡的制作，指导学生了解中西方饮食文化的基本差异，了解感恩节及中国传统节日和饮食习俗，并教育学生传承中国传统文化，在热爱中国文化的同时，也能接纳和理解西方传统文化，实现文化共通。

英语是一门外语，教师不能在教学中将学生带到国外去体验当地的文化，只能在教学中为学生创设情境，使学生对西方国家的风俗习惯、生活方式有更多的理解。本单元在教学设计时，要运用多媒体辅助教学，制作一系列动画课件，用形象的动画向学生展示制作奶昔的全过程，创设情境，实现师生互动、生生互动和人机互动的多向交流，把课堂变成有声有色的舞台，让学生从乐学、会学到创学。与此同时，教师在向学生介绍中外饮食文化的过程中，首先要让学生了解中外饮食文化的差异。在课前给学生提供这些课外知识，能够扩大学生的知识面，增加知识含量，更好地突破课本教材中的限制，同时让学生进一步和教材内容产生共鸣，做到完美契合，提高教学效果。

在英语考试中，阅读理解占据较大比例。所以，在阅读理解教学中融入跨文化交际非常有必要。本单元Section B *Thanksgiving in North America*的阅读材料讲述的是美国感恩节及感恩节传统食物——火鸡的制作。阅读语篇分为两个部分：一是美国感恩节的由来，二是火鸡的制作过程和方法。本篇阅读材料很好地体现了西方文化，在教学内容方面，要更加重视阅读技巧和跨文化交际能力的培养。通过学生感兴趣的视频、小游戏、谜语、绕口令和脑筋急转弯等形式引入新知——感恩节，让学生融入进去，激发兴趣，提高阅读积极性。整篇阅读贯穿一条主线——food，通过 food 引出感恩节，由此引出festival，把西方美食与西方节日结合起来，寓教于乐，让学生有深刻的印象。读后活动可以设计西方节日知识比赛，小组合作，每组自由选择一个喜欢的节日进行讨论，制作思维导图，从节日简介、风俗习惯和意义等方面展开。这个活动鼓励学生自由选择喜欢的节日，然后自由讨论、自由产出——做输出。在这个自主谈论和学习过程中，学生通过思考中西方文化背景，逐步加深对西方文化的了解，为培养跨文化交际能力奠定基础。

除此之外，文化知识一半来源于课堂教学，一半来源于课外阅读。因此，教师应多鼓励学生阅读课外英语书籍和西方的报纸、杂志，观看有关西方文化的记录影像等，从中不断学习英语常识和使用技巧，对西方国家的文化背景和价值观念有更加深入的了解。同时，教师在课前、课后也要给学生提供一些英语原版电视、电影和录像，让他们通过这些媒体直观地获取相关语言信息，了解西方的人文地理、风土人情等，以增强对跨文化知识的敏感度。

总而言之，语言和文化是不可分割的，现阶段初中英语教学更应注重培养学生的跨文化交际能力，这既是新课改的要求，也是一种比较新型的教学模式。作为教师，在教学中不能只注重对语言知识理论的传授，还要让学生认识到语言文化的重要性，让英语教育从单纯的语言教育转变为语言和文化并重的教育，带领学生真正实现中西文化的"穿越"，领略不同文化的魅力。

修养得当礼仪，完善自我形象

——以八年级上册Unit 9 *Can you come to my party?* 为例

我国素有礼仪之邦的美誉，礼仪文化源远流长。随着社会的进步、市场经济的发展、人们对内对外交往的日益频繁，礼仪更成为人们社会生活中不可缺少的内容，"身居礼仪之邦，应为礼仪之民"成了人们的共识。《义务教育英语课程标准（2011年版）》在如何培养学生的跨文化意识，发展跨文化交际能力的实施建议中提出："语言与文化是密切相关的，语言素养包括文化素养。英语教学应有利于学生理解异国文化、形成跨文化意识、拓展文化视野，同时加深对中华民族优秀传统文化的理解与热爱。在实际教学中，教师应根据学生的语言水平、认知能力和生活经验，创设尽可能真实的跨文化交际情境，让学生在体验跨文化交流的过程中，逐步形成跨文化交际的能力。"

八年级上册Unit 9 *Can you come to my party?* 以"邀请"为中心话题，从发出邀请、接受邀请和拒绝邀请三个方面展开教与学的活动，引导学生学习礼貌用语的表达和人际交往的基本常识。Section A、Section B、Self Check三部分内容与学生的实际生活息息相关，容易引起学生的兴趣和共鸣。邀请与约会是社交活动中最普遍、最常见的人际交往，也是我国传统的礼仪形式之一。本单元的学习活动可以帮助学生深刻理解中西方邀请与约会的文化差异，对于修养得当礼仪，完善自我形象、增进了解和友谊有着重要的意义。

本单元Section A部分以"礼貌拒绝邀请"为主线贯穿听说学习活动。基于吸引学生的注意力，激发他们的学习兴趣，教师在热身环节可以采用兴趣型的教学策略，要求学生说出带有help、have、go、prepare、meet等动词的短语，为接下来有关婉言拒绝别人的邀请以及谈论自己的计划安排的教授做好铺垫和准备。进入导入环节后，教师可以在大屏幕上展示一张邀请函，同时播放歌曲*Happy Birthday*，把学生快速带入课堂，提出问题，让学生思考。随后，通过转盘游戏，操练重点句型"A: Can you go shopping with me? B: Sorry, I can't. I have to finish my homework."增强活动的趣味性，进一步激发学生的学习兴趣。Grammar Focus部分是知识和能力拓展延伸、学生参与体验的重要环节，教师可以让学生在小卡片上写好本周末的实际活动安排，随机让几个学生上台，向同学发出邀请，被邀请的学生要即时根据自己的实际情况做出相应的回答。这样的学习活动，不仅可以让学生的交际能力进一步提高，还可以让学生体验到真实生活中英语的实用性。

Section B在本单元中起着拓展和巩固的关键作用。本部分教材内容是阅读课和写作练习，可以让学生通过学习阅读邀请函来掌握必要的信息。教学的重点应该为让学生通过学习How to make an invitation & How to accept an invitation，掌握一些新词及短语，并学会利用信息进行复述，同时让学生学会给朋友写一份邀请函，进一步培养学生运用英语的能力，提高学生读写能力。由于2b和2e的内容都是有关为教师举行欢送晚会的话题，2d是一个乔迁晚会（housewarming party），教材的安排像一个插入话题，衔接不畅，因此需要将2d调到最后，作为一个课堂练习。这样的调整使教学环节更严谨，衔接更紧密。在进行阅读教学之前，给学生布置"发出邀请和参加聚会时中西方文化差异的探究任务"，让学生体验到宴请的日期和时间要根据客人的具体情况来确定：一般要避开对方工作最为繁忙或是有重要活动的日子和时间。可以事先给对方打电话，询问一下对方的时间安排和活动日程，并将自己确定的大概时间告知对方，双方共同商定最后的日期和时间，这既显得礼貌周全，又能保证宴会如期举行。我们参加聚会时，一般会提前几分钟到达，在西方国家则是准点到达。此外，教师还可以向学生介绍中西方饮食习惯方面的文化差异。学生了解了相关社交礼仪知识，自觉修养得体的礼仪，会成为其将来步入社会，从政、经商、教学，或是为文从艺的"金钥匙"。

弘扬我国传统的优良礼仪，加强礼仪学习和教育，是人们成功交往的需要，是提高文明经商水平和对外服务质量的需要，更是加强社会主义精神文明建设和培养"四有新人"的需要。千里之行，始于足下，礼仪教育要从日常行为习惯抓起，从言谈举止抓起。义务教育阶段的英语教师要充分发挥课堂主阵地的作用，将礼仪内容、礼仪规范和遵循原则渗透到学科教学中，让英语学科教学焕发生命力。

自我决定，善思成长

——以八年级上册Unit 10 *If you go to the party，you'll have a great time!* 为例

《义务教育英语课程标准（2011年版）》明确指出在教学活动中，教师要充分发挥学生的自主性，尊重他们的策划和选择并给予恰当的引导和辅导，要关注活动的过程，关注学生在活动中的表现，做好活动的顾问和服务工作，为他们的发展提供指导和支持。由此，在个体学习和社会化的过程中，学生做出的选择和决定都应在符合实际的条件下被尊重，这也是由自我决定在学生自主学习过程中的重要性决定的。

自我决定理论是由美国心理学家德西（E. Deci）和瑞恩（R. Ryan）等人在20世纪80年代提出的一个理论。自我决定就是一种关于经验选择的潜能，是在充分认识个人需要和环境信息的基础上，个体对行动所做出的自由选择。可见，自我决定在刺激学生巩固学科知识的同时，鼓励他们学会面对和解决学习与生活中遇到的各种问题。基于自我决定理论，在英语学科教学中，教师可选择凸显自我决定的相关语言素材，引导学生在成长过程中学会自己做决定并适当分析决定带来的结果，在培养学生处理问题能力的同时，结合成长阅历培养学生的思维品质。

八年级上册Unit 10 *If you go to the party，you'll have a great time!* 结合条件状语从句的相关语法，凸显学生在个体学习生活和社会化的过程中自我决定的主题，并引导学生适当分析其决定带来的结果和影响。本单元的主题完全符合八年级学生的性格特点。根据埃里克森的心理社会发展阶段论，处于12～18岁的青少年，其发展阶段的主要任务是培养自我同一性，而自我同一性的形成要求谨慎地选择和决策。如果青少年不能整合这些方面和各种选择，或者根本无法在其中进行选择，就会导致角色混乱。因此，本单元在发展学生语言素养和

德育的基础上，迎合了学科育人的教育理念。

本单元话题以"决定和结果"为主线贯穿始终，基于不同的主题语境，结合if引导的条件状语从句，引导学生自我决定并分析其带来的结果和影响。Section A部分设定party语境，围绕"If you go to the party..."展开，引导学生以if引导的条件状语从句为目标语言展开听说练习；结合聚会活动中可能出现的各种情况，如wear jeans to the party、take the bus to the party、go to the party with...、watch a video at the party...刺激学生结合真实语境和生活经验，利用目标语言结构句式，对上文中的选择和决定进行恰当的分析与引导，表达其结果和影响。同时，该部分呈现了有关"决定和结果"较丰富的语言表达形式，如I think I'll...、If you do、you'll...、What will happen if...、should we ...、do you think we should...，利用多样语境，刺激学生分析语言结构进而确定不同场景，并对信息进行处理加工，发散思维，结合文本呈现的多样句型表达自己的决定或对他人的决定，进行结果和影响分析。该部分内容灵活诠释了"英语课程应成为学生在教师的指导下构建知识、发展技能、拓宽视野、活跃思维、展现个性的过程"的课标要求，同时也迎合了英语学科核心素养思维品质和语言知识的培养目标。因此，在Section A部分，教师在侧重培养学生语言知识和听说等具体语言能力的同时，应引导学生谨慎做选择和决策，在符合实际的情况下尊重学生对问题的决定并帮助其分析该决定带来的结果和影响。

相比Section A主题的感情色彩，Section B的阅读部分主题则更倾向于凸显学生面对消极问题和困扰时应如何解决问题。本篇文章核心词锁定为problems和solutions，围绕"If people have problems，they should..."展开；以Laura丢钱包的故事为缩影，重点展示了青少年在成长过程中遇到问题时应该做出怎样的选择，以及Robert Hunt提出的相关建议。从文章结构来看，可将文章分为问题和解决方案两部分。首先，文章通过不同角色的观点确定立意，反复强调问题和焦虑的普遍性（Laura：Problems and worries are normal in life；Robert：common problems），从而引起学生共鸣，潜移默化地引导学生客观看待问题和焦虑，树立积极心态。再由陈述事实过渡到问题解决（What can they do about this？），进而明确文章的写作立场（the worst thing is to do nothing），侧面刺激学生思考解决问题的决定。文章以Laura的亲身经历为故事主线，对比了Laura丢钱包后两次不同的选择和决定及各自的结果和影响，以此呈现文章提出的一个较有效的解决方案（share the problems with parents）。在此基础上，引出Robert Hunt对于青少年遇到问题时该做怎样的决定给出的建议，再次强调较合理的处理方法（find someone you trust to talk to；parents have more...）。讲解本篇阅读时，教师应充分挖掘本篇文章的德育价值，如引导学生遇到问题时要有正确的情感态度，在谨慎分析或他人的帮助下做出符合实际的决定，并适当承担该决定带来的影响和结果。在具体的讲授过程中，教师可根据文本特点设计多元活动方式和多维问题。例如，在读前活动中，教师可设计free talk环节，利用图片或视频展示出worries，进而引出how的问题，即"What kind of things do you worry about and how do you solve them？"在引起学生共鸣的基础上，激活学生原有图式，让学生结合自身经历探讨相关问题，开门见山，引出话题，让学生回想自己之前遇到问题时所做的决定。读后环节的活动主题更应该侧重how的问题，如以share和parents为切入点，强调与父母多沟通的方法，既点明了文章主旨，也缓和了多数青少年与父母较紧张的关系，从另一角度诠释了英语学科的德育功能。由此可见，与读前不同的是，读后的解决方案立意要更明确，所提出的建议要符合学生现阶段的需求和实际，能够引导学生树立正确的价值观和人文意识；切实提高学生思考和解决问题及做决策的能力，并分析所做决定带来的结果和影响，潜移默化地发展学生的思维品质。

自我决定在青少年成长过程中不可或缺，谨慎的决定和决策也在引导学生学会担当。学生学会做出符合实际的决定和选择的前提是分析与预想到该决定会带来的结果和影响，同时要在一定意义上做好接受该结果的心理准备。由此，学生的责任感与担当意识也随之而来，这就要求教师在教学中给予学生耐心的指导和支持，注意保护他们的自尊心和热情，尊重他们的参与方式，让他们自己决定，并注意因势利导，将解决问题的主场交还给学生，全面发展学生的学科核心素养，实现英语学科的育人价值。

人教版*Go for it!* 八年级下册

关注健康安全，关心身边他人

——以八年级下册Unit1 *What's the matter?* 为例

八年级的学生年龄基本在14岁左右，正处于少年向青年过渡的关键时期，其心理发展具有半成熟、半幼稚的特点，心理发展很不稳定，容易表露出沮丧、失意、不满、焦虑等紧张情绪；生理上也处于发生剧变的时期，一年之内身体发育趋于成人化，身体的迅速发育与心理需求的矛盾日益加剧，致使他们心理发展很不稳定，人们将这一时期称为青春叛逆期。这一时期，特别需要家长和教师的指导。他们渴望被当作"小大人"，渴望受人重视，渴望被他人尊重，渴望他人倾听他们的想法和心声，渴望自己有选择权、发言权，渴望去保护身边人，而不是一直被保护。他们的意志在发展，但克服困难的意志还不强，容易把坚定与执拗、勇敢与冒险混为一谈。这个年龄段的学生心理不稳定、易变化，既容易造成他们做出不良行为及违法犯罪行为，又容易产生诸多心理障碍或心理疾病。因此，教育界通常把八年级称为"危险期"。

英语教师如何借助课堂、借助教材来帮助这一阶段的学生平安度过这一特殊时期呢？八年级下册的Unit 1 *What's the matter?* 所给的话题、功能、语篇非常贴合学生身心发展需要，相信教师的正确引领能帮助他们度过这一时期。Unit 1 *What's the matter?* 话题为健康安全和急救（health and first aid）。本单元的语法功能是能简单谈论问题与事故，就健康安全问题提出简单的建议，正确使用"have+（a）+病症"结构谈论健康问题，正确使用情态动词should 提出恰当的建议，正确使用反身代词。

对于"健康"这一话题，中国共产党第十九次全国代表大会上的报告指出，人民健康是民族昌盛和国家富强的重要标志；全面取消以药养医，健全药品供应保障制度；坚持预防为主，深入开展爱国卫生运动，倡导健康文明生活方式，预防控制重大疾病；实施食品安全战略，让人民吃得放心。习近平总书记也告诉我们要获得健康，根本还在于自己，需要我们每一个人高度重视、积极参与：不要熬夜、平衡膳食；规律生活、注重养生；定期给身体做个检查；放下手机，常去运动。关于"安全"这一话题，习近平总书记多次提道，永远把人民群众的生命安全和身体健康放在第一位。所以，本单元德育渗透意义非凡，教师要好好利用课本资源，也要拓展好资源，真正让学生明白健康与安全在人的一生中的重要性。

教材Section A部分语言知识点是介绍身体各部位的词汇和掌握表述疾病或不适的基本词汇和表达方式。阅读语篇利用公交司机停车救人的故事训练，发展学生的阅读技能，让学生学习更多的语言表述方式，为语法总结与学习提供更多的铺垫，并通过课堂讨论进行情感、态度价值观教育。Section B主题是Section A主题的继续和延伸。这一部分从Section A侧重讨论疾病及不适转向对事故伤害、急救的讨论。阅读语篇的主题侧重教育学生树立顽强的意志品质和果断独立的精神，学习课文中主人翁热爱生活、珍惜生命，只要有一线希望就不会放弃的优良品质；侧重训练学生把握故事性文章的先后顺序这一阅读策略，使学生学会通过事件发生的顺序去梳理文章的脉络，并进一步锻炼学生复述故事的能力。

在本单元的"健康"话题中，教师不仅要依靠教材提供的语篇来讲述发烧、喉咙痛、感冒、牙痛这几种常见病例，也要挖掘现在青少年凸显的几个健康问题。教师可以用PPT展示一个学生戴着重重的眼镜看眼科医生的图片，让学生用目标语言讨论"What's the matter with this boy？""Why does he get bad eyesight？""How to protect our eyesight？"然后面向学生，进行make a survey活动，"If you think your eyesight is very good，put up your hand and share your experience." 笔者相信通过举手，学生会产生震撼的感觉：天啊，这么多人没有保护好眼睛，我们真的不能总玩游戏，总拿着手机不放，我们不要总一到做眼保健操时间就偷懒了！另外，最新数据显示，脊柱侧弯发病率已达20%，特别是小学生和中学生，他们的身体处于发育阶段，骨骼尚未成形，稍不注意即会造成脊柱侧弯，这会严重影响他们的身心健康。我们也要教会他们预防脊柱侧弯，养成正确的站、坐姿势，注意书桌和椅子的高度，读书写字时要端正，不歪头、不扭身。另外，避免单肩挎包，宜用斜背挎包或背囊式背包，不要长期蜷曲身体看电子产品。教师在教授这些知识时，要引导学生多用" I think you should...She/He/They should/shouldn't..."句型表达自己的观点。处于青春期的学生认为自己的身体已经发育成熟，心理也已经成熟，他们自认为什么都懂，甚至比师长都理性，他们渴望我们把他们当成人来对待，渴望自己去选择、决策。

在本单元的"急救"话题中，文中给出了打球不小心伤到头、伤到背、撞伤、切伤等安全隐患。这些常见的安全问题，学生可能会觉得无关痛痒，不当一回事，所以，还是不能让他们产生敬畏之心和激发他们乐于助人的品质。我们可以再拓展一些有关自然灾害的健康安全教育资料如火灾、地震、台风、山体滑坡、暴雨等，也可以拓展网络上的安全教育资料如校园欺凌事件、医患事件、师生冲突、网络安全及食品安全等，让学生分工去讨论如何自救、如何寻求帮助、如何帮助他人，还可以通过一些热点事件培养他们的正义感。

在教学中，课前的热身活动和课后的作业也能帮助教师进行德育渗透。例如，Section B 阅读课前导入部分，可以先让学生看一个视频，提出问题What happened to the player? His leg was broken。接着导出 When we do some sports, some accidents may happen.展示图片，一个个问，When you're playing soccer, what accidents may happen? When you're swimming, what accidents may happen? What do you think of climbing mountains? To be dangerous means to take risks. When you're climbing mountains, what accidents may happen? 进入主题When we meet these problems, what should we do? Let's meet a person. show the picture.Who is the man? What does he like doing? What happened to him？ Why did he lose his arm？ There is a film named *127 Hours* about him. It's a true story. The film is from his book *Between a Rock and a Hard Place*. Let's read his story...用一个个问题，把学生从生活情境带入语篇，让学生了解榜样是怎么做的。例如，Section A 阅读后的家庭作业，我们可以设计一些讨论（①If you are the driver，write a diary about what happened yesterday. ②If you are the passenger，write a diary about what happened yesterday.③Act the story out in your group.)，让学生融入角色，通过角色扮演让学生有身临其境之感。

这个单元语篇从身体层面上升到精神层面，让学生意识到健康安全，并磨炼意志。Section B 2b阅读语篇*He Lost His Arm But Is Still Climbing*就是教会学生生活中遇到困境，需要有坚强的意志力去面对一切，体会成功和挫折，培养心理承受能力，要从挫折和困难中逐步成长，形成积极进取的人生态度。可是这一语篇的人物毕竟是学生不熟悉的，学生可能知其然，不知其所以然。为了加强德育渗透效果，在该课时的情感升华中，我会插入残疾人自强不息地学习和工作的录像，还有残疾人运动工会运动员们努力拼搏、为国争光的视频，让学生感受到身残志不残，要顽强生活，加倍努力学习，珍惜美好生活。让学生由不熟悉的人感受到熟悉的人，更能激发他们向榜样学习。

所谓：身体发肤，受之父母，不敢毁伤，孝之始也。教师也要引导学生不要自残或轻生，珍爱生命。青春叛逆期的学生很容易冲动，我们要引导他们遇到问题学会向老师、同学、家长、专业医生求助。学生也要善于观察身边人的情况，可以用本单元的目标语言"What's the matter？""What's wrong with you？"或"Are you OK？"来关心身边同学、家人的健康，并主动帮助他人。总之，教师要以学生的发展为中心，围绕立德树人和学科核心素养开展教学任务，立足课堂、立足语篇、巧设情境、丰富教学活动、重视课堂评价，引导学生融入有意义、整体性的语言学习，培养他们用英语进行思维和解决问题的能力，促进其综合能力的发展，为他们的终身学习和发展奠定基础。

奉献、友爱、互助、进步

——以八年级下册Unit 2 *I'll help to clean up the city parks.* 为例

本单元是人教版八年级下册的第二单元，话题是志愿服务和慈善活动（volunteer and charity），它的功能是提供帮助（offer help）。本单元的语法是动词不定式在句中做宾语、宾语补语和状语，另外一个语法知识点是在第一单元情态动词should用来表达建议的基础上引入情态动词could表达建议。文化知识涉及志愿服务、慈善行为、志愿者及援救、关爱动物。本单元Section A 部分的教学重点是用情态动词could表达建议，正确使用有关援助的表述、短语动词以及相关表达中的动词不定式，话题偏向援助和关爱。Section B部分侧重同情和关爱。在语言方面，除了进一步学习短语动词和不定式结构外，还利用语篇来学习更多相关句式结构。在技能方面，通过"听说入手—突出阅读—创写语篇"这样的训练过程，发展学生的综合语言技能。策略上，强调英语学习中理解、分辨词性的重要性；情感上，教育培养学生对他人的同情和关爱。

八年级学生，年龄一般在13～14岁，正处于人生的第二次生长发育高峰期。随着生理发育的急剧变化，青春心理的萌动，他们逐渐突破儿童模式的束缚，开始体验与感受一些新的、从来没有过的东西，对一些问题有自己的看法，喜欢发表自己的见解。一部分学生开始加入团组织，成为班级的骨干、教师的帮手，而另一部分学生由于缺乏责任心，对一些力所能及的事情坐视不理，或者调皮捣乱、破坏公物，给同学和教师带来一定的困扰。所以，本单元围绕志愿服务和慈善活动的话题，在第一单元情态动词should表建议的基础上引入情态动词could表建议的用法，非常符合这个年龄阶段学生的需求。

教材能提供的德育素材是有限的，并且对于素材中的志愿者人物、志愿者活动，我们难以辨别其真实性，对其不够熟悉，难以感同身受。可能学完了这个单元，学生能掌握几个短语、句型，但对于具体怎样参与志愿者活动，自己能干什么，谁需要帮助，他们不清楚。所以，教师要在用好教材素材的基础上，拓展一些资源，更好地引导学生探索、讨论关爱和援助的价值及意义，渗透人文关怀和道德观念的培养。我想可以从以下几方面来深入拓展。

一、When

学了这个单元，学生需要掌握以下几个日期：第一个是大家熟悉的"学习雷锋，好榜样"——学雷锋纪念日。学雷锋纪念日是每年的3月5日。自1963年3月5日，毛泽东等老一辈党和国家领导人号召"向雷锋同志学习"以来，每年的3月5日成为社会各界特别是广大青年传统的学雷锋活动日。据悉，2000年3月5日，各地广泛动员和引导青年围绕西部大开发、社区服务、环境保护等社会关注的重点领域集中开展"心手相连，情系西部""百万志愿者进社区""绿化周围环境，建设美好家园"等主题志愿服务活动。就在2000年，共青团中央、中国青年志愿者协会共同决定把每年的3月5日定为"中国青年志愿者服务日"，组织青年集中开展内容丰富、形式多样的志愿服务活动。第二个是12月5日，是"国际促进经济和社会发展志愿人员日"（International Volunteer Day for Economic and Social Development，简称国际志愿人员日）。它的目的是敦促各国政府通过庆祝活动唤起更多的人以志愿者的身份从事社会发展和经济建设事业。现代国际志愿者活动始于第二次世界大战之后，各国志愿者开展了义务服务活动，在重建家园、发展经济和促进社会文明进步等方面，发挥了巨大的作用。为此，1985年第40届联合国大会通过决议，确定每年12月5日为"国际志愿人员日"。许多国家及政府都会在这一天举办各种活动，大力宣传、赞扬和倡导志愿者（义工）为社会义务服务的重要作用与奉献精神。如今，已有包括中国在内的100多个国家在这一天集中开展志愿服务活动，国际志愿者日作为国际志愿服务活动的重要标志已经深入人心。目前，全世界志愿者数量已经达到3

亿~5亿人，工作时间每年累计超过150亿小时。这两个日期和背景，学生可以通过课后作业的形式去了解。

二、Who and Where

在这一单元除了向学生介绍书本的志愿者，如Tom、Mario Green、Mary Brown、Miss Li，还可以介绍大家都熟悉的人物，如"爱校十佳学子""校优秀班干"，班级里爱乐于助人的同学，也可以介绍上下学途中，维持交通秩序的志愿者、社区的义工、逆风而行的医务人员和武警战士等。除了宣传学生非常熟悉的雷锋事迹，也可以介绍一些"当代雷锋"的感人事迹，可以就他们的事迹和获奖感言来深入挖掘"当代雷锋"的精神内涵。除了介绍国内的志愿者，也可以站在国际角度，讲讲国家之间的互助，如Section A 4b中提及"Some people even stop doing their jobs for a few months to a year to move to another place，like one of the countries in Africa，and help people there."这短短的一句话就是介绍国家之间的帮助。这说明志愿者之爱跨越了国界、职业和贫富差距，是没有文化差异、没有民族之分、不论高低贵贱的平等之爱，它让社会充满阳光般的温暖。在这里可以谈谈白求恩的故事，讲讲无国界医生，他们不分种族、政治及宗教信仰，为受天灾、人祸及战火影响的受害者提供人道援助，他们奉献的是超国界之爱。这些例子都能让学生体会"奉献、友爱、互助、进步"的志愿者精神。

三、How

那学生怎样去参加志愿者活动呢？他们可以凭借自己的双手、头脑、知识、爱心开展各种志愿服务活动，帮助那些处于困难和危机中的人。例如，Section A介绍的去敬老院、儿童医院鼓励陪伴需要帮助的人，打扫城市花园，分发食物给穷苦的人，去动物医院做义工，等等。Section B 1a~1e的听说练习，就为大家介绍了将废旧物品修理、改装后，提供给其他需要帮助的人，使得物尽其用。教材中的素材可能缺乏真实语境，难以让学生联想到现实生活。可以给学生介绍一个公众号"志愿中山",告诉他们这个公众号的作用和如何通过这个公众号注册成为志愿者。可以介绍一下"志愿中山"的发展史:中山市从1996年3月建立第一支志愿者队伍起,20多年来队伍不断扩大,据"志愿中山"平台显示,截至2018年12月5日,全市共有注册志愿者48万多人,他们在发展经济和促进社会文明进步等方面发挥了巨大作用。例如,2018年,超3000人次参与超强台风"天鸽"灾后志愿服务;每年有2000名志愿者参与中山慈善万人行服务,1900名志愿者参与中山马拉松服务,提供秩序维护服务、大赛服务等。也可以从校内、校外两个方面引导学生思考帮助别人的方式,告诉他们勿以恶小而为之,勿以善小而不为。

四、What

教师在课前、课中、课后可以借助哪些资源来渗透德育呢?在课前,可以借助迈克尔·杰克逊的歌曲 *We Are the World*。这首歌提到We are the world. We are the children. We are the ones who make a brighter day. So let's start giving. There's a choice we're making. We're saving our own lives. It's true we'll make a better day. Just you and me.这首歌讲的就是帮助他人,帮助世界,使世界更美好。也可以把社会上的志愿者活动或者年级里学生"三月学雷锋活动"做成剪影,让学生在欣赏视频的同时,说出志愿者参与的活动,巩固语言知识点。Section B 2b中提到动物帮手,可以展示牧羊犬帮人放牧、狗看家和帮警察排爆、信鸽送信、大象和骆驼运输、黑猩猩当服务员、鸬鹚捕鱼、马拉车、牛耕地、海豚救人等例子,告诉学生动物是人类的好朋友,我们要保护大自然、保护动物。还可以找一些名人语录,让学生体会什么叫志愿,为什么志愿,如

Service to others is the rent you pay for your room here on Earth.

(Muhammad Ali)

The miracle is this——the more we share, the more we have.

(Leonard Nimoy)

No act of kindness，no matter how small，is ever wasted.

（Aesop）

One is not born into the world to do everything but to do something.（Henry David Thoreau）I am only one，but still I am one. I cannot do everything，but still I can do something；and because I cannot do everything，I will not refuse to do the something that I can do.（Edmund Everett Hale）Change will not come if we wait for some other person or some other time. We are the ones we've been waiting for. We are the change that we seek.

（Barack Obama）

当然，也可以根据社区的需要，布置一些真实的"三月学雷锋活动"，让学生思考他们能做什么，如"环保卫士我先行"主题环保活动。教师可以带领学生手持垃圾袋清理绿化带的垃圾，可以发放市民文明手册，或者张贴宣传纸。教师可以举办"暖人心"送服务上门活动，依托社区居家养老服务组织志愿者以结对帮扶的形式，定期为残疾人家庭提供家政护理和生活照料服务，为残疾人家庭打扫室内卫生，清洗换季衣物，检修水暖电气，代购物品，代发信件，代缴费用，宣传防火、防煤气中毒等；大力开展亲情陪伴活动，组织志愿者到残疾人家中，陪他们唠家常、读书报、玩棋牌，给广大残疾人更多的精神慰藉，减轻他们的孤独感和寂寞感。可以组织社区内具有专业特长的志愿者建立服务队，开展社区文化娱乐、体育健身、应急救助、法律援助等志愿服务。开展以上活动，教师可以通过小组讨论，培养学生的小组合作意识，提升学生的思维灵活性。

总之，志愿者在不计报酬、不求名利、不要特权的情况下参与推动人类发展、促进社会进步的活动，其奉献精神是高尚的，是志愿服务精神的精髓。志愿服务精神提倡志愿者欣赏他人、与人为善、有爱无碍、平等尊重，这便是友爱精神。志愿服务者以互助精神唤醒了许多人内心的仁爱和慈善，使他们在付出之余，持之以恒地真心奉献，"助人自助"，帮助人们走出困境，自强自立，重返生活舞台。受助者获得生活的能力后，也会关心他人、帮助他人、为社会做贡献。通过参与志愿服务，志愿者自身的能力得到了提高，同时也促进了社会的进步。志愿活动无处不体现着进步的精神，正是这一精神使人们甘心付出，追求社会和谐之境的实现。学完该单元，学生应该明白并理解什么是志愿者精神——奉献、友爱、互助、进步，并能为他人着想，热爱公益事业，乐于助人。

分担家务，学会自立，学会感恩

——以八年级下册Unit 3 *Could you please clean your room?* 为例

2015年，习近平总书记在庆祝五一国际劳动节时的讲话强调：让劳动最光荣、劳动最崇高、劳动最伟大、劳动最美丽蔚然成风。要教育孩子们从小热爱劳动、热爱创造，通过劳动和创造播种希望、收获果实，也通过劳动和创造磨炼意志、提高自己。2015年7月，教育部、共青团中央、全国少工委印发《关于加强中小学劳动教育的意见》。该文件包含明确劳动教育的主要目标、坚持劳动教育的基本原则、抓好劳动教育的关键环节、完善劳动教育的保障机制四部分。在抓好劳动教育的关键环节中，文件提到要鼓励孩子参与家务劳动，教育学生自己的事情自己做，家里的事情帮着做，弘扬优良家风，参与孝亲、敬老、爱幼等劳动。学校应安排适量的家庭劳动作业，针对学生的年龄特点和个性差异，布置洗碗、洗衣、扫地、整理等学生力所能及的家务；要密切家校联系，转变家长对孩子参与劳动的观念，使他们懂得劳动在孩子学习、生活和未来长远发展中的积极意义和作用，让家长成为孩子家务劳动的指导者和协助者，形成劳动教育的合力。2020年3月20日，中共中央国务院印发《关于全面加强新时代大中小学劳动教育的意见》以习近平新时代中国特色社会主义思想为指导，全面贯彻党的教育方针，落实全国教育大会精神，坚持立德树人，坚持培育和践行社会主义核心价值观，把劳动教育纳入人才培养的全过程，贯通大中小学各学段，贯穿家庭、学校、社会各方面，与德育、智育、体育、美育相融合，紧密结合经济社会发展变化和学生生活实际，积极探索具有中国特色的劳动教育模式，创新体制机制，注重教育实效，实现知行合一，促进学生形成正确的世界观、人生观、价值观。

这些年，通过家访、问卷调查，笔者发现，一些中学生在家养尊处优，衣来伸手，饭来张口，父母为其忙前跑后；或者父母刚整理完房子，孩子又把家里东西乱丢乱扔，不去整理；或者孩子做点家务活，家长会给孩子发"工资"；更有甚者，家务成了家庭矛盾的导火线，婆媳间，夫妻间，父母与子女间经常为了做家务闹得鸡飞狗跳。学生身上出现的这些不珍惜劳动成果、不想劳动、不会劳动的问题，透露出劳动的独特育人价值在一定程度上被忽视了，劳动教育正在被淡化、弱化，必须引起高度重视，在课堂中更要渗透加强劳动教育。

八年级下册Unit 3 *Could you please clean your room?* 的话题是家务琐事与征求许可。本单元的功能有两个：一是礼貌地提出要求，二是向别人征求许可。语法仍然是学习情态动词could的用法，本单元重点训练用could礼貌地提出要求和征询许可。在Section A，聚焦点在家庭生活上，谈论家务琐事和家庭互助。学习完Section A，学生应当能用情态动词could征询许可和礼貌地提要求，并能熟练地运用与家庭生活及家务琐事相关的词汇及表达法。在情感渗透上，要引导学生探索讨论家庭亲情和家庭义务的重要性，学生应对独立承担或帮助父母做适当的家务持有积极的态度。Section B是本单元话题的深入探讨，侧重孩子和家长在制作家庭食物方面的不同分工及关系。阅读语篇是从家长的角度出发，对在学业繁重的今天，孩子是否应当承担家务劳动展开讨论，有意识地训练学生的思辨能力，锻炼他们的批判性思维。本单元的话题写作实际上也是对阅读文章辩论观点的延伸，目的是让学生在阅读理解的基础上学会表达自己的观点。

学生能做什么家务呢？教材给予我们的短语有这些：do the dishes、sweep the floor、take out the rubbish、make the bed、fold the clothes、clean the living room、take the dog for a walk、wash the clothes、clean the room等。这些还远远

不够，教师还应当鼓励学生发散思维，让学生说说他们经常帮父母做哪些事情，多拓展相关词汇，如water the plant、wash the car、clean the window、cook a meal、take care of your sister or brother、repair things等。教师可以将学生熟悉的同龄人做家务的图片制成PPT呈现本单元目标语言的知识点，也可以从网上找一些其他学生在家自立自强、刻苦学习、帮干家务的视频，让他们说出视频中的学生帮着家人干了什么以巩固目标词汇，让学生明白榜样就在身边，更好地让他们反思自我和纠正不劳而获、贪图享乐、崇尚暴富的错误观念。

在Section A阅读教学的处理中，除了讲解文本表层含义，也可以深入挖掘文本，探讨当今社会的特殊家庭，关注班里这些类似家庭环境的学生的心理特点，给予他们帮助，用小组合作discuss and report的形式展开探究。What kind of family might this one be? It might be a "mother-and-daughter family". Her father might work in a place far away from them. Or it might be a "single-parent" family。教师要引导学生理解这样的家庭中母亲生活的不容易，她们既要像女汉子一样，每天早出晚归地工作，维持生计，回来后还要买菜做饭，洗衣洗碗，照顾孩子，整理家务。作为这样家庭的孩子，要懂事，主动为母亲分担家务，使家变得更幸福。探讨完这些，也可以利用道具，如假发、围裙，让学生进行情景剧创编，让学生融入角色，由剧中前期的母女争执、互不理解、互不退让，到后面的共同分担、互相理解、互相包容，进行情感的升华，达到德育教学目的："We need to share the housework to have a clean and comfortable home."。

Section B阅读教学部分，教师可以提前布置作业，就社会热点话题"中学生是否有必要做家务"把全班学生分成正方和反方，让他们通过网络去查询做家务的利弊，接着在处理完文章之后进行辩论。课堂上，留充足的时间给学生展示，在他们不会用英文表达时适当帮助，体现课堂以学生为中心，以教师为主导的理念。教师直接讲授，学生会不以为然，左耳朵进，右耳朵出，抄抄笔记，大声朗读，入眼不走心，产生不了多大的效果。笔者认为，阅读课，学生真正关注的可能是他们辩论需要的表达，如"It is not enough to just get good grades at school. The earlier kids lean to be independent，the better it is for their future."等。正方辩手是很理直气壮的，他们气势如虹，雄赳赳、气昂昂地和反方辩手辩驳，把反方抛出的一个个可能的认知障碍，如会浪费学习时间、本来学习就很累了、往往好心办坏事等通过辩论给扫除，让反方学生深刻理解做家务的诸多好处。例如，参加家务劳动，不但能掌握一定的劳动技能，而且能养成勤劳、自理、自立、自强、吃苦耐劳、勤俭节约的品质；从事家务劳动，可以经历克服困难的过程，能锻炼和增强意志力；在紧张的学习之余，做一点家务，也是一种积极的休息方式，可以调节大脑机能，有利于增强体质，促进健康。一般来说，家务劳动能力强的人，生活技能相对较高，独立生活能力相对较强，会对生活充满信心，能独立面对生活和学习中遇到的种种困难；做家务能培养学生对家庭乃至社会的义务感、责任感，"一屋不扫，何以扫天下？"；做家务能培养学生正确对待他人的劳动，尊重他人的劳动，珍惜劳动成果，不当家不知柴米贵；做家务时和家人一同劳动，一同分享，增进亲情，其乐融融，何乐而不为？俗话说，"习劳知感恩"，学生常做家务才能知道父母的辛劳，才能体恤他人，才能拥有感恩之心，等等。在辩论结束后，教师趁热打铁，布置一项同话题写作作业：哈佛大学的一项研究表明，爱做家务的孩子更容易体验到幸福感，更有前途。请你以"Help with some housework"为题写一篇80词左右的英语短文，描述你平时所做的家务以及你对做家务的看法。这样学生就有话可说，有话可写，不仅渗透了德育，语言知识也得到了巩固和梳理。

高尔基说："热爱劳动吧。没有一种力量能像劳动，即集体、友爱、自由的劳动的力量那样使人成为伟大和聪明的人。"梁启超在《敬业与乐业》一文中提到唐朝有一位名僧——百丈禅师，常常用两句格言教训弟子："一日不做事，一日不吃饭。"他每日除上堂说法之外，还要自己扫地、擦桌子、洗衣服，直到80岁，日日如此。劳动创造价值，劳动创造财富，劳动创造幸福。通过本单元的学习，学生会形成正确的家务观念和习惯，会产生家庭责任感。通过布置一些家务活作业，以图片、视频的形式上交，学生不仅能学会一些家务活的技能，也会逐渐明白家长的辛苦，明白自己要为家庭做出一份贡献，最终达成本单元的德育目的——通过分担家务，学会自立，学会感恩。

少年与家

——以八年级下册Unit 4 *Why don't you talk to your parents?* 为例

著名诗人泰戈尔在诗文*The Home*中这样描述："I stopped for a moment in my lonely way under the starlight, and saw spread before me the darkened earth surrounding with her arms countless homes furnished with cradles and beds, mothers' hearts and evening lamps, and young lives glad with a gladness that knows nothing of its value for the world."（我在星光下独自走着的路上停留了一会儿。我看见黑沉沉的土地展开在我的面前，用她的手臂拥抱着无数的家庭。在那些家庭里有摇篮和床铺、母亲们的心和夜晚的灯，还有年轻的生命。他们满心欢乐，却浑然不知这欢乐对于世界的价值。）

读此诗文，满眼宁静安好，世界兀自和谐。一念既起，思索不停：究竟，"这欢乐"是什么？它对于"世界的价值"又是什么？

笔者想到的答案是："这欢乐"是来源于家庭的欢乐；它对于"世界的价值"是指无数家庭里的父亲母亲日复一日、年复一年、默默无闻地付出换来的世事安好。换一种说法，可以理解为：家庭好，则孩子好；孩子好，则国家好；国家好，则世界好；世界好，则未来好。

然而，锅碗瓢盆，柴米油盐，生活在琐碎中的大人们，难免有鸡零狗碎之时；而成长中的孩子，也难免有磕磕碰碰、焦躁不安之时。如同人教版八年级下册教材里的这个单元——Unit 4 *Why don't you talk to your parents?*（为什么你不和你的父母谈一谈？）里面谈到的孩子们很"不好"。这里说的"不好"，不是说他们是坏蛋，而是说，他们有太多太多的疑问与困惑，甚至是麻烦，无法解开，这令他们很"不好"。

想想看，十五六岁的花季少男少女到底有多少烦心事呢？稍稍列举：

Problem 1：学习任务太重，睡不够啊！

Problem 2：作业太多了，都没时间做我喜欢的事情啦！

Problem 3：压力山大呀！这次考试又砸了，退了几十名！我该怎么办？

Problem 4：好累呀！昨晚本"学霸"又学到半夜！

Problem 5：和亲闺蜜（好基友）又闹别扭了（皱眉），这下咋办呀？！

Problem 6：老爸老妈就是不让我和同学出去闲逛！哼！

Problem 7：老哥不让我看电视，自己倒好，想看什么就看什么，想看到几点就看到几点！这世道不公平啊！

Problem 8：我姐竟然不跟我打招呼就拿我东西，还真当我是亲妹呀！

Problem 9：我爸妈天天吵架，他们是不是要离婚啊？这是不要我了的节奏吗？他们会让我选择跟谁吗？

Problem 10：爸妈总是拿我和隔壁小明比，难道我真的什么都不如他吗？

Problem 11：打打游戏怎么了？就是看不得我轻松，老是要我学！学！学！

……

对于以上问题，细心的读者总能将其大概分个类：有来自学习压力的，有来自交朋友交往的，有来自父母家庭的，有事关自己内心成长的等大大小小的问题，林林总总，但却让年幼的孩子们不堪重负。大人眼里的小问题，都可能成为孩子们心里巨大的疑问或痛苦。

当今孩子的世界早已经不那么单纯了，忧虑、恐惧、害怕和压力充斥着他们的生活，有时甚至仅仅一句话、一个眼神、一个动作，都可能剥夺他们的快乐、安心。因此，所有父母都要做好充分的准备去迎接这样一个满怀疑问的少年的到来，学会与他们相处，学会帮他们解决问题，而且要学会见招拆招！因为，这个世界从来不缺疑问，但是真的很缺少懂孩子的人，包括他们的父母。对于懵懂无知的孩子来说，倘若不能得到解决问题的方法，他自己又不懂得排解之道，轻则哭哭闹闹、耍赖胡闹，重则闷声不语，过不去心里的坎儿，然后就很有可能走向极端。

不安的世界，单纯的心和灵魂，要如何安放才能自在？谁才是真正掌握打开孩子心门大锁钥匙的人呢？泰戈尔的诗文给了我们很大的启示。正如人们所知，每一个孩子都来源于一个家庭，来源于家里的父亲和母亲。如同小树根植于泥土，孩子的家就是孩子安放心灵的泥土，需如同大地般宽厚、滋润、营养、深沉、包容，才能让生命深深扎根，迎着阳光向上生长，每一次的努力生长，都是他们给予大地最好的回报。

然而，并不是每一棵小树都能幸运地生长在滋润而营养的土地里。不幸的小树各有各的不幸，它们有的生活在干旱里，有的长在草丛中，有的落在悬崖峭壁上，有的长在大漠戈壁里，它们的命运根本就没有选择的权利。而每一个孩子，也如同小树一般，生在什么样的家庭，遇见什么样的父母，上帝选中了一对男女来充当孩子的父亲母亲，这是多大的幸运与信任呀！但随之而来的，除了责任与担当，还有教养的方式与方法。完全没有选择的权利。父母该如何陪伴孩子成长，这是一门真学问，这门学问却从来没有专门的学校来教授。新手父母总是学习上一辈的育儿经验，向自己的原生家庭寻求方法，因而有了家教、家风的好坏之说。好在当今社会是个信息社会，家庭教育早已成为社会热门话题和关注重点，新手父母可以通过网络学习好的育儿方法。

一对父母，无论多么贫贱，只要能养育出出色的孩子，总是令人羡慕的。而对于怎样的孩子才是出色的孩子，归结于社会价值观问题。我们更想弄明白的是成长中的青少年为什么会与父母亲有如此多的矛盾和冲突。就这一点，笔者认为，孩子的问题都是家长的问题。孩子内心永远向往父母与家的港湾，教育孩子，不需要多富有，不需要多"作秀"，无数个优秀的孩子都是从苦难与艰辛中走出来的，磨炼是一回事，能够得到父母的爱与理解又是一回事。童年阴影不是孩子成长为优秀者的必需品，给予孩子正确的引导、榜样的示范还有爱的鼓励，并与孩子心心相印，是为人父母更加重要的修行，是父母升级的最好见证，更是孩子得到的最好的教育。

要想修行孩子，先要修行自己。一个内心温暖的孩子，总是有能量把温暖传递给世界。要想孩子回家就问候父母，父母也该主动问候孩子；要想孩子主动完成作业，需要父母创造环境，跟随学习；要想孩子奋发向上，需要父母坚持鼓励……

单元标题"Why don't you talk to your parents？"指导孩子们遇见问题的时候学会与父母沟通、交流，向父母寻求意见、方法和指点。然而，要想孩子主动寻求父母的帮助是一件非常难的事！当今社会，孩子更多的时候是选择找信得过的朋友、同学或老师，能真正寻求父母帮助的真是不多了。孩子们就要长大了，懂得选择与甄别，但前提是，他有足够的安全感。因此，父母一定要反思，当孩子遇到问题都不来找父母的时候，究竟是谁出了问题？除了看得见的青春期现象，或许还有父母自身的问题。例如，你是否很久都不和孩子聊天谈心了？你是否一张嘴就是要求孩子学习？是否孩子一找你，你就忍不住说教？直接问问题吧：当孩子锁上门不理你的时候，亲爱的父母，你们该怎么办呢？敲门？撬锁？气得跳脚？其实，父母无须着急，但需要认清，你们要打开的不仅仅是一扇普通的门，更是一扇通往孩子心灵的大门。打开这扇大门最好的钥匙就是沟通。所谓沟通，就是多和孩子交流，多听孩子说话，朋友般和孩子相处。孩子总是要从这道门里走出来的，当他再次走出来的时候，父母就要主动出击，寻求沟通的机会，学会把"天"聊下去，特别要明白：沟通有技巧，陪伴有方法！否则你"最长情的告白"最后只能是无用功。下面介绍几种有效的沟通技巧。

沟通技巧一：不摆父母架子，少说，多听，平等相处。

沟通技巧二：平静、包容，和颜悦色，有大爱。

沟通技巧三：多谈论事实，少或不进行说教和评价。

沟通技巧四：多鼓励，给选择，不替代。

沟通技巧五：多同情、多共情、多理解、多感受，少讲道理。

当父母努力学习与孩子沟通并付诸实践时，其实也在向孩子示范如何与人沟通。这一点十分重要，因为父母的言传身教是孩子学习和模仿的根本。只有这样，当孩子遇到问题的时候，他才能更懂得如何与他人交流，如何向他人求助，然后才有单元主题中的"How to ask for and give advice"的具体指导和应用。孩子们在学到了沟通和表达的本领之后，便能够在生活上游刃有余、自信豁达、谦逊敬畏。

站在孩子的角度，笔者想对孩子们说：我们要多和父母说说话，多听听父母的话。为什么呢？借用一首歌词：长大后我开始明白为什么我跑得比别人快，飞得比别人高，将来大家看的都是我画的漫画，大家唱的都是我写的歌，父母的辛苦不让你看见，温暖的食谱在她心里面……每一个孩子，内心最温柔的一面自然都锁定在父母身上。能从小感知父母的爱的孩子，更加体贴、包容；能体谅孩子的父母，总是能得到孩子的尊重与爱；家的温暖、父母慈祥的目光，是家庭的爱与和谐，是孩子成长的摇篮，是成长后的孩子，即便走到天涯海角，都要往回停靠的港湾。

星光熠熠，辉映万家灯火，不仅是田野与村庄，还有街道与城市，每一个幸福的家庭，各有各的幸福；每一个不幸的家庭，又各有各的不幸。但只要家庭的灯火依然闪烁，指引着一家人共同渡过幸与不幸，便会有这世界的喜怒哀乐与温度。进了一家屋，成了一家人，家里有慈爱的父母，就是孩子内心柔软而向往之处。不管什么样的孩子、什么样的心，对家的向往，一定都是甜蜜而温馨的。

黑沉沉的大地上，孤独行走的、成长中的少年，温暖的家是指引他行走的火炬，是他战斗时要披上的铠甲，无比坚韧与强大。父母温柔的话语与坚持、鼓励，更是他自信爆棚、自带磁场的源泉。

愿所有少年都有一个有爱，有温暖的家，有可以倾诉、善于倾听的父母，都能在自信中成长，永不迷茫。愿星光下，灯火阑珊中，世界安宁有度，家家户户和和睦睦，父母与孩子平平安安，和谐交融。

确立"安全第一"思想，提高自护自救能力

——以八年级下册Unit 5 *What were you doing when the rainstorm came?* 为例

为深入贯彻党的十九大精神和习近平总书记总体国家安全观，落实党中央关于加强大中小学国家安全教育有关文件精神和"将国家安全教育纳入国民教育体系"的法定要求，教育部2018年4月印发《关于加强大中小学国家安全教育的实施意见》，要求各地学校结合教育系统实际，做好大中小学国家安全教育相关工作，使广大学生牢固树立总体国家安全观，增强国家安全意识；要求相关部门组织修订中小学相关教材，课程中要强化政治安全、经济安全、国土安全、社会安全、生态安全、网络安全教育，充分体现国家安全意识。小学生应了解国家安全基本常识，增强爱国主义情感；中学生应掌握国家安全基础知识，增强国家安全意识。青少年是国家的未来和民族的希望，提高他们的国家安全意识，使他们牢固树立总体国家安全观，意义十分重大。

本单元是八年级下册Unit 5 *What were you doing when the rainstorm came?* 话题为难忘的事件，功能为讲述过去发生的事情和故事。本单元的语法，其一为正确使用连词when和while，其二为恰当运用过去进行时结构进行提问和叙述。本单元主要培养学生通过标题和插图等获取文章的主旨大意，训练学生快速阅读的技巧和学习策略，通过阅读语篇使学生了解美国民权运动领导马丁·路德·金和9·11恐怖袭击事件。Section A 3a～3c为阅读课型，通过让学生阅读一篇关于美国亚拉巴马州遭风暴袭击后人们互帮互助的故事，让学生知道在灾难面前要更团结、更友善，更懂得互帮互助。Section B 1a中，教师可以提醒学生，虽然生活中会发生各种小意外，造成参加活动迟到或无法前往，但是一定要养成良好的守时习惯，尽量预留充足的时间并做好一定的准备，做一个准时守约的人。Section B 2b阅读课中，语篇分别描述两个人回忆两个重大的

突发事件发生时他们正在做的事情。总体来说，本单元主要是让学生通过描述天灾、人祸、各种意外事件发生时所做的事情去掌握过去进行时。对于八年级的学生来说，这是他们第一次系统学习过去进行时的用法，这个单元可以根据《关于加强大中小学国家安全教育的实施意见》给学生渗透安全教育。

根据教学进度，这个单元一般在4月份学习。教师可以抓住4月份初中生需要在中小学安全教育平台做国家安全教育专题这个契机来为学生普及一个重要日期和它的重要意义。每年4月15日为全民国家安全教育日，2020年4月15日是第五个全民国家安全教育日。它的意义是通过多种形式开展国家安全宣传教育活动，将国家安全教育纳入国民教育体系和公务员教育培训体系，增强全民国家安全意识。

这个单元提及的天灾主要为暴风雨（rainstorm），还可以拓展暴风雨天气该怎么保护自己。在Section A 3a阅读课中，课前教师可以呈现一些学生熟知的相关图片或视频创设真实语境。除了运用单元目标语言What were you doing when the rainstorm came? I was（doing...）提问，教师还可以多设问来引发学生的思考，如Have you ever seen it? Where were you? Did you do anything to protect yourself? What should we do? Should we stay at home, close the windows and doors or just go outside? 语篇第二段通过介绍这家人在灾难到来前的自救准备工作，包括窗户用木块钉牢固、准备手电筒和收音机、备好蜡烛火柴，科普安全意识和自救方式。这些是远远不够的，教师还可以让学生讨论，领悟更多的安全措施，如不要盲目上学，在搞不清情况时，要先与班主任联系再做决定；如果在路上遇到灾害天气，要及时找一个安全的地方躲避起来；如果在户外，不要站在高楼、大树、广告牌下；如果等待时间较长，危险仍未解除，可以借别人的手机打电话，通知家长来接，不要冒险独自回家；放学时遭遇暴风雨天气时，不要一个人回家，要听从班主任和学校的安排，学校会启动应急预案保护学生的安全。

在渗透安全意识时，教师也可以渗透，在灾难面前，要众志成城，自救互救，共创美好家园，还可以利用身边发生过的一些令人难忘的事件，如2018年

9月的16级台风"山竹"：还记得吗？那场台风，惊心动魄，扫荡整个城市，摧毁很多牢固的建筑物，吹倒很多粗壮的树木。灾后，大家众志成城，一起清扫街道，一起清扫社区，没有埋怨，只有互相鼓劲。学会团结合作，众志成城，民族才有希望。

本单元在语法课时Section A 4b中也提及了冰雪天气的交通事故。When we got to the place of the accident，the car was in a bad shape from hitting a tree。此时，教师可以引导学生进一步探讨冰雪天气我们该如何提高安全意识。例如，冰冻天气，在雪地上骑车，自行车的轮胎不要充气太足，这样可以增加与地面的摩擦，不易滑倒；开车要与前面的车辆、行人保持较大的距离，要选择无冰冻、雪薄的平坦路面；不要急刹车，不急拐弯，精力要集中，随时准备应对突发情况；等等。当然，除了书本中提到的暴风雨天气、冰雪天气安全知识外，教师还可以拓展，如地震（earthquake）、火灾（fire）、水灾（floods）等，教会学生如何保护自己。

本单元在Section B 2b中讲了震惊世界的两个重大的突发社会公共事件，学生通过学习该篇文章了解了美国民权运动领导马丁·路德·金遇害和9·11恐怖袭击事件。当前，我国公共安全形势总体是好的，但是，教师也要提醒学生安而不忘危、治而不忘乱，要增强忧患意识和责任意识，始终保持高度警觉，任何时候都不能麻痹大意如和学生息息相关的公共事件有校园欺凌、敲诈、抢劫、绑架、恐吓等。教师可以通过摆出这些社会现象，让学生明辨是非，区分真善美和假恶丑，遇事有自己的措施和办法，增强自我保护意识，从而避免或减少对自己人身安全的伤害。

总之，这个单元主要是借难忘的事让学生掌握过去完成时的用法，教师在做拓展时，要优先选择一些大家熟知的、共同的、难忘的事去设计活动，渗透德育教育，让学生明白灾难、意外面前要提高安全意识，学会保护自己，乐于帮助他人，团结合作，众志成城，共创美好家园！

文化传承，我们在路上

——以八年级下册Unit 6 *An old man tired to move the mountains.* 为例

目前的初中英语教学往往强调西方文化的教育和学习，没有重视中国传统文化的英语学习，中国传统文化在英语教学中处于"文化逆差"的地位，导致中国中学生不会用英文表达中国的传统文化。例如，很多中学生对于西方节日，如"Christmas""Thanksgiving Day"耳熟能详，然而需要用英文介绍"端午节""桃李""中庸""四合院""孺子百家"这些词汇时，却只能顾左右而言他，更不用说经典古诗词的英文版了，继而出现了"中国文化失语症"的问题。因此，在平时的英语教学中，教师要充分挖掘教材，渗透传统文化的教育，使语言技能的教学和传统文化意识的培养同步进行，让学生在学习英语的过程中加深对中国传统文化的了解。

八年级下册Unit 6 *An old man tried to move the mountains.* 以讨论故事情节为中心话题，旨在激发学生的中国传统文化意识，通过听、说、读、写训练，让学生用简单的英语来讲述《愚公移山》《女娲补天》《夸父逐日》等中国神话故事，学习故事主人公不畏艰险、努力尝试、永不放弃的精神。与此同时，本单元通过《皇帝的新衣》来训练学生的听力，通过《糖果屋》来训练学生的阅读能力，帮助学生学会用英语询问故事的开始、发展以及后续等，让学生学会根据图片描述故事情节的发展和结果，并能够表达自己的观点。在阅读中，教师让学生对比中外文化差异，激发学生对中国传统文化的喜爱，明白中国传统文化的博大精深，并汲取传统文化的精华。

下面以Section A *Journey to the West*这篇小阅读为例，谈一谈中国学生如何通过讲中国故事来更好地传承中国文化。记得在八年级上册Unit 5 *Do you want to watch a game show?* 中有篇文章讲到卡通人物和标志，米老鼠是美国文化的代表，当时笔者问学生，那么哪个卡通人物可以代表中国文化？学生谈到 *Journey to the West* 中的孙悟空，随后笔者拓展了一些关于 *Journey to the West* 的英文表达，如 Monk Pig（猪八戒）、Monk Sha（沙僧）、Monk Tang（唐僧），以及孙悟空的标配——Golden Cudgel（金箍棒）和 Somersault Cloud（筋斗云）等。因为都是耳熟能详的故事人物，学生马上就活跃起来。笔者继续抛出下一个问题：为什么孙悟空可以成为中国文化的代表，他和米老鼠有什么共同之处？学生立即展开了激烈的讨论，得出是由于孙悟空敢于直面困难、永不放弃的精神。这样的跨文化延伸可以让学生对传统文化的理解更加全面和透彻。

因为学生非常熟悉孙悟空这个形象，所以在记忆、理解及运用低阶思维方面的难度不大，因此教学重点应放在高阶思维的培养上，侧重于分析能力、评价能力以及学生对中国传统文化赏析能力的培养。为实现英语教学的多元目标，本节阅读课要以学生为中心，以语篇为载体，遵循"信息输入→理解文本→自主分析与评价→创新与运用"的逻辑，把英语学科核心素养的四个方面渗透到课堂教学中。

在本节课的教学过程中，在读前活动中，笔者向学生展示 the Monkey King 的一些图片，并引导学生观看视频——会说英语的 Monkey King，引导学生思考如果 the Monkey King 能说英语，外国孩子是否会喜欢他并展开讨论。这一环节，教师可以在引起学生兴趣的同时，训练学生的发散思维能力，使学生想要将 Monkey King 这个人物分享给外国学生，从而使其与中国传统文化产生共鸣。

读中活动用一条主线贯穿，结合《西游记》中取经之路设置关卡，然后把阅读任务穿插其中，每完成一项任务就解锁到下一关，完成所有任务后也就完成了取经任务，层层叠加，思维碰撞，能够更好地展现传统文化的内涵，培养学生的文化意识。在这个过程中，学生会产生很强烈的成就感，然后教师可以进一步让学生思考一个问题，即师徒四人最后取得真经的原因是什么？以此来展开讨论，让学生能够对这个中国故事有更深层次的认识，挖掘其背后的意义，为接下来学生讲好中国故事做好铺垫。

对于中国故事的学习，其中最重要的部分就是人物分析，读后活动可以设置人物辩论会，让学生上台分享自己喜欢的一个《西游记》中的人物形象，享受学习传统中国文化的乐趣。接下来教师通过播放小故事的形式向学生分享一些《西游记》中的妙人趣事，师生讨论，用思维导图的形式罗列讲好中国故事的基本要求：时间、地点、人物、事件都要交代清楚；控制好语言节奏，分出轻重缓急，凝练主题内涵，让听者产生共鸣。相信通过这个活动，学生也会和老师一样迫不及待地想分享其中的小故事了。小组分工合作，再由学生代表发言，班里进行评选，投票评价，使学生从活动中获得满足感与荣誉感，鼓励他们更好地讲中国故事，传承中国文化。

教师通过以上活动，让学生对 *Journey to the West* 的感悟越来越深刻，引导学生认真阅读每一个中国故事，并且将这些故事丰富的内涵讲给他人听，讲给世界听。

因此，在英语课堂教学中，除了让学生认真学习英美文化，掌握必要的英语基本知识，形成基本的跨文化交际能力以外，还应让学生更多地了解中国的传统文化，提升学生对目标语和母语文化的平等意识，使我国的传统文化一代代地传承下去。

直面生态文明，关爱生命自然

——以八年级下册Unit 7 *What's the highest mountain in the world?* 为例

人之于自然是人类活动的永恒主题，对其关系的认知与态度，是学生价值观念和文化品格的重要部分，故培养学生生态文明的意识尤为重要。生态文明是一个核心概念，它是指遵循人、自然、社会和谐发展这一客观规律而取得的物质与精神成果的总和；是指以人与自然、人与人、人与社会和谐共生、良性循环、全面发展、持续繁荣为基本宗旨的社会形态。人类可以利用自然、改造自然，但归根结底人是自然的一部分，必须合乎自然规律，不能凌驾于自然之上。

作为基础教育的一门主要课程，英语学科在塑造学生对人与自然关系的价值观念方面，不仅负有理所当然的职责，而且有其特殊的价值和教育意义。《义务教育英语课程标准（2011年版）》明确指出：在外语教学中，文化是指所学语言国家的历史地理、风土人情、传统习俗、生活方式、行为规范、文学艺术、价值观念等。由此，在地理知识普及的基础上确立人与自然关系的相关话题亦是英语课程中不可或缺的重要元素。从起始学段的天气、四季、动物，到中高学段的山川河流、地质灾害、生态危机、太空探索等话题，毫无疑问构成了语言活动的组成部分，也成为学生认识人与自然关系的渠道和资源。

由此可见，利用好教材中有关自然主题的资源，摒弃单纯的语言形式的学习，鼓励学生围绕人与自然的关系的话题进行有探究意义的语言活动，不仅有利于培养学生热爱和保护自然的文化品格和素养，也能更有效地培养其综合运用语言的实践能力，提升其思维品质。

八年级下册第七单元的教育主题与上述育人理念不谋而合。Unit 7 *What's the highest mountain in the world?* 的主题语境是谈论地理和自然。就本单元文本特征而言，涉及的相关话题如世界著名之"最"；长城、珠穆朗玛峰以及熊猫的语言知识，难度达到了课程标准中文化意识的五级要求。就学生特点而言，八年级的学生无论是语言基础、认知水平还是思维能力都有了一定的发展；对新鲜事物和世界充满了好奇，可将地理科目所学的知识迁移到本单元中学习。由此，本单元的学习既可以通过跨学科学习的特点，培养学生的知识迁移能力；又可在积累语言形式、发展语言能力的基础上，引导学生更进一步地亲近自然、热爱自然、尊重自然，进而保护自然，树立人类命运共同体的文化意识。

本单元的话题以"地理和自然"为主线贯穿始终。融入人与自然的主题，意味着教学内容要包含该主题领域相关的百科知识。Section A的听说部分包含了著名的世界几大之"最"，以珠穆朗玛峰、尼罗河、里海、长江和黄河等自然景观为语言载体，巧妙引入目标语言的学习，即形容词和副词的比较级（higher than any other mountain in the world, ...）和最高级（the deepest of all the salt lakes, ...）。此部分将语言学习承载信息量的特点彰显得淋漓尽致；让学生通过英语获得自然科学知识。学习世界之"最"后，话题由大到小，过渡到中国地理，通过听力练习夯实学生人文地理知识，使学生更好地了解自己的祖国（China has the biggest population in the world....）并将其与美国进行对比（China is almost as big as the US. China has a much longer history than the US....）。通过对比更好地形成跨文化意识。2d素材以"长城（the Great Wall）"为话题，除科普长城基础知识外，用了几个最高级（the longest wall, the most popular, the most famous）来修饰长城，再次呈现本单元重点强调的语言形式。

语篇Section A的阅读*Qomolangma——the Most Dangerous Mountain in the World?* 主题为珠穆朗玛峰。该语篇分为三部分：第一部分侧重对珠穆朗玛峰的知识与信息（run along the southwestern part of China, 8848.86 meters high, ...）的学习；第二部分强调登山者取得的成就（the first people, the first Chinese team, the first women...）；第三部分谈论了登山者的精神（challenge themselves, achieve our dreams...）。文本的教学设计可围绕人与自然的话题进行拓展和观点讨论。导入环节可通过头脑风暴，调动学生有关珠穆朗玛峰的原有知识图式，视频播放珠穆朗玛峰的形成，既培养学生的语言综合运用能力，也让学生进一步认识自然。在读后活动中，教师可通过文本最后一句"It also shows that humans can sometimes be stronger than the forces of nature."展开讨论，刺激学生思考人与自然的关系，如以"人类是否真有必要证明比自然强大"等值得学生思考的、有关生态文明的问题，在探究式学习的环境中促使学生建立人与自然和谐共处、人类命运共同体的价值观。相较于知识积累，情感、态度与价值观的塑造与内化，将上升到精神的更高层面。随后教师可结合"珠峰长出植被"这一时事热点话题，引导学生感悟保护自然的责任担当。有了知识积累和情感态度做铺垫，教师可将最后的情感升华落实到学生的具体行动中，通过设计广告语、指示牌等实践活动，将内隐的价值观通过具体行动外显。

Section B的大阅读主题与熊猫有关。本语篇的教学设计依旧可以围绕"知识与信息（该主题领域相关的百科知识）—情感、态度与价值观（内化百科知识，直面生态文明，关爱生命自然；跳出具体话题透视其背后的自然观、生态观和价值取向）—责任担当与行动能力（将生态文明的意识内化于心，外化于行）"这一主线展开。读前教师可以通过图片、视频等网络资源将学生迅速带入主题语境；读中着重处理学生对于熊猫相关知识的构建，如可以数字"2000、300、12、10"为缩影，加深学生对熊猫的认知。教师可以通过文本最后一段引导学生树立正确的自然观和生态观（the importance of saving…）；再结合中国政府和研究者的行动，利用共情激发学生思维，要求学生将对熊猫的喜爱外化于实际行动，探讨作为学生，应如何拯救熊猫等相关问题。

核心素养背景下的英语学科教学，其育人功能在很大程度上体现为围绕相关主题展开语言活动，高度融合当下时事热点和重要德育内容。人与自然是重要的主题维度之一。教师应充分挖掘和整合教材的多维角度、多样资源、多元方式，通过一系列的意义探究与建构活动，使学生树立生态文明的意识并将其内化为价值观，进而培养既具备全球视野的环保责任担当，又具备有效参加相关国际活动的语言能力的青少年，使其形成热爱自然、亲近自然、尊重自然、保护自然、关爱生命的情操和品德，并树立正确的自然观和生态观，彰显英语学科的育人价值。

守阅经典，芬芳永承

—— 以八年级下册Unit 8 *Have you read Treasure Island yet?* 为例

2020年6月2日，珠三角地区的一所中学校园里，明亮的天空、净透的云朵、碧绿的树叶，夹杂在些许燥热的徐徐的温热的风里，交融在教室前榕树丛的枝条与下垂的根须里，纯净鲜明，又蠢蠢欲动，让这个初夏的午后充满生机与活力！

下午第一节课，一群十五六岁的青少年整齐划一地坐在阶梯教室里，身后一大群听课的教师，或拍照，或聆听，或记笔记，或摄像。课室前，一位女青年教师侧站在大屏幕一旁，在学生与屏幕之间转换自己的目光。上课的学生凝神地听着、望着，轻声地吟唱着……伴随耳旁流转的是什么旋律？缓缓而来，绕梁不绝。细一听，唱的竟是《关雎》的经典唱词：关关雎鸠，在河之洲。窈窕淑女，君子好逑……《关雎》乃先秦时期的民歌，传唱至今，已然是老少皆宜。这首被选入《经典咏流传》经过改编的歌曲将流行与民歌完美的结合，令人沉醉、动容。

然而，这并不是一堂语文古诗课，而是一堂英语课。英语课上居然在唱中文古诗歌？但这是真的！是发生在人教版英语教材八年级下册Unit 8 *Have you read Treasure Island yet?* 的一节真实课堂中的事。该单元以 "literature and music（文学与音乐）" 为话题，引导学生使用现在完成时来谈论最近发生的事件或经历，既是让学生熟练使用现在完成时的基本结构，更是让学生在学习中体验中外文学名著的魅力，倡导多读书，读好书。经典名著的传承靠的就是大家多多阅读、多多感受！

回顾整节课，学生从一开始的连书名*Treasure Island*都读不顺，到后来能做到脱口而出*Journey to the West*、*Tom Sawyer*、*Olive Twist*、*Robinson Crusoe*、

Alice in Wonderland、*Harry Porter*等令人拗口的名著名称，无论是看过这些书，还是没看过这些书，也无论是听过这些书，还是没听过这些书，学生们都尽力参与讨论，畅谈自己的阅读感受或对经典人物的看法。课堂气氛是浓郁的、引人思考的、令人享受的，沉浸在《关雎》的收尾与回味中，笔者很是感慨：21世纪的活力校园，依然极度需要名著阅读、需要经典，因为，它们是真正能够滋润青少年心田的雨露甘霖，是可以让青少年如正在成长中的树苗，这就是阅读经典带给我们的惊喜与震撼！

的确，阅读是让人喜悦的。人类历史达到高度文明的今天，经历几多沧海桑田的变化，无论哪个国家、哪个民族，语言表达、历史战争、文化风俗、生活变化以及思想情感中文字的记录，只要是流传下来的，都是经典。

现代社会生活早已被高科技、电子产品、流行明星等所充斥。在有点浮华的时代里，十五六岁的青少年很容易沉迷于电子游戏、网络交友、视频聊天、追星等，只有读书，没有其他事情的"单纯心"已经很难找到了，而迷失自我、不知奋进方向的学生却大有人在。老人们常说：孩子大了，懂事了就好了，就不会闹了。但现代教育艺术说：孩子就这几年关键时期，不好好扶持，长歪了就难改了。在现代校园育人中，引入经典文学名著阅读，倡导学生多读课外文学名著、领略中外文学风采、介入考试等，成了重要而且有效的方法。

对初中阶段的英语教学来说，虽然难以让学生一开始就去读高难度的全英文名著，但可以采用中英结合的方法，引导学生阅读、观看相关书籍影视作品，引导已经阅读过这某些书目的学生用英文思考、谈论名著的人物、情节和内容最难得的就是这种思想碰撞的火花给青春期的学生打开了更加宽广的视野：名著中同龄人在不同时代背景下的成长经历，极容易引起学生的对比与反思，让他们看到自己今天的幸福生活是多么来之不易，通过内化，能更好地化解他们心中成长的烦恼，突破一些难以解决的问题，帮助他们成长、成熟。且看本单元所涉及的文学名著是如何演绎它们的本领，如何帮助青少年去化解他们愁苦而郁闷的心的。

你是男孩子吧？你不喜欢父母老师的唠叨，厌倦学习的沉闷无聊，还幻想随便就能挣下一个亿。我送你一本*Treasure Island*，和18世纪中期的英国少年吉姆一起去探险、去找宝藏吧！看完后记得问问自己，够不够勇敢？有没有勇气？

你是女孩子吧？爱打扮、想漂亮、爱追星，还想成为明星，想过幸福又安逸的公主生活。那我送你一本*Little Women*。都说女孩长大最终都要回归家庭，*Little Women*以家庭生活为主线，描写了马奇一家的天伦之爱，更描写了苦难生活中的四姐妹，有为了爱情甘于贫困的梅格，有通过自己的奋斗成为作家的乔，还有坦然面对伤病与死亡的贝思，更有以扶弱为己任的艾美。不同的理想、不同的命运，但却一样的自强自立、热爱家庭、渴望亲情、忠诚爱情，堪称现代少女学习的典范。

你不喜欢墨守成规，不喜欢平淡无奇吧？你还爱幻想，崇尚无厘头，有时候没大没小，有时候天马行空，觉得自己可以不用对自己负责任吧？看看这本*Alice in Wonderland*，跟着Alice的梦幻游行，你终将找到自己。

你学习烦闷，内心寂寞，缺少朋友吧？老觉得没有可说话的人，不想和父母聊，不信任老师，也没有值得交往的朋友，人生低沉，不知出路吧？来读这本书——*Robinson Crusoe*。读了它，你会体验到什么才是真正的孤独无助，什么叫绝处逢生，什么叫自力更生，什么叫自己的事情自己做。失望与期望的不断更迭告诉我们什么叫绝处逢生！

你抱怨过社会吗？抱怨过出身的不公吗？抱怨过父母家人吗？你爱自己的父母家人吗？有这样一本书——*Olive Twist*，读起来就让人心疼，想起来就让人害怕。偌大的雾都，破旧的城市，没有父母的孤儿，不断陷入困境的小主人公Olive，他的身世与遭遇是我们当下所无法想象的。读了这本书，相信你会知道，有句话说得很对——没有最惨，只有更惨。其实，你自己一点儿都不惨！

你是不是讨厌自己是个孩子，很多事不能自己做主？你有点老成，总以为自己已经长大了，可以干好多大事了吧？你是不是也模仿过大人的样子，时常想象自己长大后是什么样？来读一读*Tom Sawyer*吧，读了它，你会知道，其实做个孩子也挺好的。要知道，你很快就将永远不再是个孩子了。和调皮勇敢的汤姆一起，在19世纪上半叶的美国密西西比河畔的普通小镇，一起去体验探险的刺激，一起去追求自由，好好做一回真正的野蛮孩子吧！愿你永远喜欢自己，热爱自己，更热爱自己当下的生活，在当下生活中找到自我，找到目标，生活精彩！

就是这六本书，在第八单元以"文学（literature）"为主题引入话题，让教师带领学生去体验学习，与中文文学名著的学习思想挂钩，给学生注入思想学习的清流。

文学诗歌是永恒的话题。经典文学名著的学习是文化的传承，是民族文化的积累、沉淀与精髓。经典书籍、经典文化、经典寓言既是民族的，也是世界的。英语文学名著与寓言传承的经典文化给我们传达的自由、自立、自信、自律的品格，还有坚强、勇敢的精神上与东方文学是一致的，文化交融的目的在这个单元完美展现，对青少年解决成长的烦恼，梳理少年的恣意与疯狂、自以为是的潇洒与不羁、想象的被压迫与反抗，以及面对孤独与绝境，与人团结、交往，快乐向上地做个青春好少年，做出了完全意义上的指导。凡是沉下心去读过这些书、思考过书中这些事的学生，一定会有所收获。

经典文学带给人类的意义是科技不能替代的。当一位普普通通的中学生手里捧着的不再是手机或iPad，而是一本本世界文学名著时；当孩子嘴里吐露出的不都是Rap与明星及八卦，而是经典文学人物之名时；当学生脑袋里盘旋的不是游戏、金钱与不切实际的幻想，而是对人物的沧桑与成长的思考时；当学生内心沉淀的不是懵懂与混沌不知，而是对当下生活、对人生与人性的思考时，我们会相信，这个学生正在走一条成长与成熟的道路！无论是父母还是老师，看到这样的学生，感受到的都会是无比的欣慰与安心。

坚守阅读，坚持阅读经典，就能"悦"历人生。

人教版英语教材八年级下册Unit 8 *Have you read Treasure Island yet?* 引导学生学习经典，构建学生心中世界共同体的美好，传承人类世界的精神力量。

虽然只是阅读，但经典一定能润物于无声，一定能让芬芳永承。

以游为学，寓教于乐

——以八年级下册Unit 9 *Have you ever been to a museum?* 为例

"一带一路"的倡议是在国家发展的新形势的基础上提出的，不仅加强了我国与周边国家和地区的关系与往来，还为我国发展带来了新的机遇和挑战。"一带一路"倡议的实施对英语方面的相关人才也提出了更高的要求。

在传统教学模式中，英语教师习惯在课堂上做一个主导者，教授单词、句子和语法等基本知识点，让学生在长期的单向训练中培养属于自己的英语语感。这种单向的教学模式虽然极大地锻炼了学生的做题能力，却让学生失去了口语交际能力，造成"哑巴英语"的现象。因此，在当今国际化大背景下，英语教学首先需要语言交流，其次要转变传统的英语教学模式，从多方面培养学生的沟通能力。在教学中，除了教授简单的语法知识、单词，还应教授相关国家的风土人情、民俗文化等通识性知识，涵盖多个主题，在教授学生竖向专业领域知识的同时，增加学生的横向通识性知识。为了进一步提高学生的交际能力，激发学生的学习兴趣，许多学校和教师在不断探索新的教学方法，其中，情境教学被越来越多地运用到英语教学中。

英语课程标准指出：要注重素质教育，体现语言学习对学生发展的价值；面向全体学生，关注语言学习者的不同特点和个体差异；整体设计目标，充分考虑语言学习的渐进性和持续性；强调学习过程，重视语言学习的实践性和应用性；优化评价方式，着重评价学生的综合语言运用能力；丰富课程资源，拓展英语学习渠道。在英语学习中，听、说、读、写相辅相成、相互促进。学生应通过大量的专项和综合性语言实践活动，形成综合语言运用能力，为真实语言输出打下基础。这就需要教师在英语教学中多创设情境，激发学生自主学习，主动完成知识意义的建构，采用循序渐进的语言实践活动，逐步培养学生的英语交际能力。

八年级下册Unit 9 *Have you ever been to a museum?* 围绕"曾经去过的有趣的地方"这一话题展开，学习如何谈论过去的经历，谈论曾经去过的地方。Section A部分呈现了常用的动词短语和句型，围绕现在完成时进行教学。Section B 安排了听、说、读、写的任务，通过让学生了解新加坡的一些基本情况，并思考新加坡迷人的原因，引出最终的情感目标——保护环境、保护生态平衡才会有更美丽的家园，并且进一步激发学生了解世界的欲望，同时，增强学生对生活、对大自然的热爱，并了解旅行的精神意义及文化传播的重要价值。

本单元根据知识与技能、过程与方法、情感态度与价值观的三维目标以及相应的重难点，以"旅行手账"为主线，通过"Have you ever been to...?""What did you do there?""How was the trip?"三个问题，充分唤醒学生对曾经去过的地方的记忆，引导他们将这种记忆与英语学习相结合，将知识点体系化，层层递进，环环相扣。Section A 3a部分展示了三个博物馆，教师可以进行适当的延伸和拓展，展示更多的博物馆，拓宽学生的知识面。在旅行路线的设计上，选取一些与学生生活接近的或者以授课教师的故乡为例进行展示，进一步拉近师生之间的距离，激发学生的好奇心。教师可以从spot、specialty、feeling和transportation等方面设置情境，便于学生更快地接受新知识。Section B通过对新加坡的学习，读后活动设置小组合作，让学生共同探讨如何从语言、食物、天气、地理位置和人口等方面了解一个旅游景点，并能够用英语设计出某旅游景点的游玩攻略，组间进行比赛，引导学生在分享的过程中提升自豪感，理解文化传播的意义，从情感上激发学生对世界美景的向往，逐步让学生明白："You can either travel or read，but either your body or soul must be on the way."情感升华部分展示一组中国名胜古迹的图片，让学生想到旅行的意义，引出"读万卷书，不如行万里路"的名言，引导学生既要开阔视野又要立足于当下的努力。

"以游为学，寓教于乐。"中学生精力充沛，想象力丰富，可塑性强，能较快地达到最好的学习状态和效果。为了使学生在不同侧重点的情境教学中达到"学"与"玩"相统一，增强其学习英语的积极能动性，调动其创造力和想象力，教师要深入贯彻研学旅行情境教学的宗旨，创设多样化的情境，营造良好的学习氛围，开阔学生的视野，最终让学生快乐地学习英语，灵活地运用英语。

作为一种跨文化体验式教育，英语研学旅行情境教学不仅是顺应学生天性的学习方式，更是思想的摇篮，设置对学生有吸引力的教学情境，能够迅速激发学生的学习兴趣，帮助他们更加自然、主动地融入课堂学习，既有利于提升学生的课堂参与度，又能提高课堂效果及课堂目标的达成度。让学生在学习英语的同时不断发现未知事物，理解一种文化的根源，这些远比旅行本身更有意义。

乐善好施，守望相助

—— 以八年级下册Unit 10 *I've had this bike for three years.* 为例

"乐善好施，守望相助"，这体现中华民族善良互助精神的传统美德已化为文化基因世代流淌在中华儿女的血脉中。八年级下册Unit 10 *I've had this bike for three years.* 话题为居住的环境，功能为谈论你拥有的物品和周围的事物。这个单元能很好地借助语篇来渗透社会主义核心价值观，传递崇高精神追求和塑造良好社会风尚的向善之举。语法为正确使用现在完成时询问并表达持续性动作或状态。

本单元主要培养学生根据已有背景知识对将要阅读的内容进行预测和在阅读中借助上下文语境与构词法猜测词汇含义的能力。Section A 的教学重点是与庭院售卖、生活中的常用物品相关的词汇及现在完成时表示持续性动作和状态的用法。教学难点是让学生理解延续性动词可用于表示持续性动作和状态，能够与since和for搭配使用。Section A 中，教师可以通过庭院售卖、去儿童之家捐赠物品的语篇引导学生思考如何处理闲置物品，教会学生多参加爱心活动，学会关爱、帮助他人。Section B 在Section A 所学的基础上进一步拓展话题，由谈论身边的物品转到谈论周围环境的变化。Section B的教学重点是让学生运用有for和since的现在完成时的句子描述家乡或某个地方的历史变迁，还有阅读策略和写作技巧的训练。教学难点是阅读语篇后，运用恰当的词汇和正确的时态来复述文章，完成2c练习。Section B教师可以结合现在的新农村建设、精准扶贫工程来让学生感受中华民族善良互助的传统美德。

对于八年级的学生，他们正从童年步入青春期，对儿童时期买的奥特曼、光头强、小猪佩奇、恐龙等模型，小汽车、小火车、小卡车、小飞机、芭比娃娃等玩具，儿童睡前故事书、启蒙书等书籍，会感觉幼稚，不太适合他们了，还有因为青春期长个子、长肌肉，很多衣服也不适合穿了。是继续囤积起来，塞在家里的一个角落，还是把它们清洁整理出，该丢丢，该卖卖，该送送，腾出地方？这是每个有青春期孩子的家庭都会遇到的一个问题。毕竟，每一样物品都有它们陪伴主人的美好回忆，学生会在这个问题上纠结也是可以理解的。这个单元就根据学生的生活实际，给予学生科学指引，启迪学生可以用怎样的方式处理这些闲置物品，非常实用。教师除了介绍西方的庭院甩卖方式，也可以贴合学生的真实生活语境，呈现学生都熟悉的校园义卖活动、手机闲鱼APP、58同城、赶集网等，把闲置物品捐给需要的人，从而培养学生乐于帮助、关心他人的良好品质，也体现了流行的环保消费、低碳生活的理念。

在Section A 教学中，可以设置一些问题来引发学生的讨论，从而渗透德育，如Q1：Do you know how the Americans deal with the things they no longer use? They often have a yard sale to sell the things. What about in China? Q2：How can the old toys be useful again? Q3：Have you ever thought about having a yard sale to sell your things? What would you do with the money you raise? Q4：How can we deal with the things we no longer use from now on? Q5：When you try your best to help people in trouble, are you happy? 也可以借助谚语"赠人玫瑰，手

有余香"（As a saying goes：Gifts of roses，hands there are lingering fragrance. / Helping others to enjoy yourself.）让学生去理解、去内化。甚至，如果该课时运用了小组合作评价，也可以把教师用不着的书本作为奖品奖励给表现最好的小组，让学生再一次内化本单元的德育意义：Now let's see who the winner is today？Well，it's Group.... you can get your prize. Let's see what it is. They are the books I have read. Hope you'll like them. Congratulations！

本单元Section B的阅读语篇图文并茂，话题紧贴时事，讲述了从农村到城市工作的人对家乡的关注，包括家乡的变化和家乡的特色，能让学生产生共鸣。教师可以根据新农村建设、扶贫工程等来为学生灌输倡导社会主义核心价值观。在Section B阅读语篇教学中，教师可以向学生展示美丽乡村建设、农村面貌发生的巨大变化。党的十八大以来，我国就建设社会主义新农村、建设美丽乡村，提出了很多新理念、新论断、新举措。强调小康不小康，关键看老乡。中国要强，农业必须强；中国要美，农村必须美；中国要富，农民必须富。强调实现城乡一体化，建设美丽乡村，是要给乡亲们造福，不要把钱花在不必要的事情上，不能大拆大建，特别是要保护好古村落。强调乡村文明是中华民族文明史的主体，村庄是这种文明的载体，耕读文明是我们的软实力。强调农村是我国传统文明的发源地，乡土文化的根不能断，农村不能成为荒芜的农村、留守的农村、记忆中的故园。强调搞新农村建设要注意生态环境保护，注意乡土味道，体现农村特点，保留乡村风貌，坚持传承文化，发展有历史记忆、地域特色、民族特点的美丽城镇。在语篇中，也可以找到相应的句子来让学生感受，如第三段提道："Perhaps large hospitals and new roads have appeared. In many places，the government has also built new schools and sent teachers from the cities to help."第四段提及"I hear they're going to build a new school there."当然，乡村风貌有保留，如最后一段中提及的"In my hometown，there was a big old tree opposite the school. It is still there and has become quite a symbol of the place."

总而言之，教师在Section A教学中可以从个人层面通过义卖闲置物品的善举来让学生明白乐善好施的中华传统美德。而在Section B 教学中，教师可以上升到国家层面，让学生感受祖国的繁荣昌盛、新农村日新月异的变化，体会国家对贫困地区所做出的努力，对贫苦人民所付出的关心，对农村的守望相助，从而达到积极培育和践行社会主义核心价值观的目的。

人教版*Go for it!* 九年级全册

为学无间断，日进而不已

——以九年级Unit 1 *How can we become good learners?* 为例

九年级Unit 1 *How can we become good learners?* 的话题是学会学习（learning how to learn）。通过本单元的学习，学生能够谈论如何学习，并且根据自己的学习情况形成适合自己的学习风格和学习方法。可以说这一单元对于步入九年级的学生来说是一场"及时雨"，此时他们已经有了一套自己的学习方法，但他们却面对着升学的压力，也面临着一定的学习困难。所以在本单元的学习过程中，希望学生能够借鉴他人的经验，学会自我反思，主动调整自己的学习方式，根据自己的学习特点选择相应的学习策略和方案，这对于他们的顺利学习有着重大的意义。除此之外，让学生明白培养终身学习习惯的重要性。

学会学习主要包括以下三点：①直面学习困难，反思自己，积极探索解决方法，做到学无定法，适合自己的才是最好的；②增强对学习的兴趣和改进学习方法，形成积极的学习态度；③学无止境，培养终身学习的习惯和能力。

一、学无定法

作为一个学生，学习就是天职，人人都向往与追求在学习上获得成功的体验。围绕学习本身，讲述学习遇到的障碍，并且提出对应的解决办法，对于九年级学生的学习具有指导性意义。本单元用大篇幅介绍了英语学科学习方面的问题及对策，通过不断分享I study by doing...，使学生从同伴中得到借鉴，从自身反思，从而成一个积极主动的学习者。每个学生都是独一无二的个体，个体差异的存在是绝对的，所以不存在谁的学习方法一定好，谁的学习方法一定不好的问题，在教学过程中，教师应引导学生互相借鉴，取长补短，找到适合自己的学习方法。

二、学有所思

通过对英语学科的探讨，可以由此及彼的迁移到其他学科。九年级所有学科的学习都变得非常重要，因为它们都是中考的必考科目。那么，掌握每一科的学习策略和方法也变得非常紧迫。教师可设置小组活动，让学生分组探讨语文、数学、英语、物理、化学、历史、政治等学科学习过程中遇到的问题，从而提出相应的学习策略，然后各组将遇到的问题及提出的方法做成PPT，在全班展示、交流并且总结；还可以请各学科学习比较优秀的学生用英语谈谈自己的学习方法，让其他学生多了解他人的学习方法，并且在交流中不断反思、总结并完善自己的学习方法。这一活动能为学生提供更多自我动脑思考、反思和决策的机会，让学生将所学的语言知识转化成武装自己的力量，从而为以后的学习打下坚实的基础。

三、学无止境

2020年受新冠肺炎疫情的影响，全国上下按照教育部的紧急部署，停课不停学，教师居家办公，学生居家学习。感谢信息时代与"互联网+"的蓬勃发展和教育领域的巨大变化，让此次的停课不停学得以实现。朱永新先生在《未来学校》一书中讲到的没有教室的学校和无处不在的学习都变成了现实。全国所有学生一改过去以线下学习为主要模式的学习方式，采用居家进行网络远程线上学习方式。

离开了教室，脱离了学校和班级的各种制约，没有教师保姆式的监管，少同学之间面对面的交流，学生进入前所未有的自由空间。线上学习为实现有教无类、因材施教、个性发展、自由成长、终身学习的至高教育境界提供了完美的契机和平台。但是学生如果没有反思，没有自己的学习方法，没有积极的学习态度，线上学习就成了一种形式。如果说过去线上学习是线下学习的补充，那么现如今，线上学习就成了绝对的主角。学生按照规定的课程表完成了基本的课程学习之后，其他时间，他们拥有自主选择学习内容、学习进度、学习时间的自由。

因此，教师可以让学生自由组建学习小组群（钉钉或微信群），建立线上自习室，进行线上交流研讨或者互相监督，共同促进学习的进步。当然，如果没有积极的学习态度，那么这么大的学习模式的转变会导致学生脱离学习而处于"放羊"状态。相反，学生拥有积极的学习态度，形成自己的学习策略和方式，才能让I study by surfing the internet不是一句空话，而是落到实处，取得实质性的学习效果。

来势汹汹的疫情不但对学生的学习是巨大的挑战，对教师也是一种考验。离开自己熟悉的讲台，居家办公，教师也要重新学习。适应新的线上教学模式，需要教师直播讲课答疑、转发资源、视频会议、连麦互动、打卡问卷、作业布置批改……这在原来是不可思议的事情，但是因为一场疫情，一切都在改变。试想，如果没有终身学习的能力，教师也无法在短时间内就适应新形势下的网络教学模式。打破时间和空间限制的学习方式，使学生可以在任何地方、任何时间、用任何方式获取所需的信息学习，学习无时不在、无处不在。It's never too late to learn. 人的一生就是不断学习、不断成长的过程。朱永新先生在《未来学校》一书中讲道："教育应该让人变得更幸福，更幸福的前提应该是更有学习的自信。"面对疫情，教师能够快速适应，即拥有了学习的自信，从而得心应手，向学生展示了终身学习的重要性。

引用杰克·凯鲁亚克在《达摩流浪者》中的话来结束本单元的话题。怎样学习，那就是"永远年轻，永远热泪盈眶"，让我们怀揣积极的学习态度，永无止境地学习。

文化自信，世界大同

——以九年级 Unit 2 *I think that mooncakes are delicious!* 为例

2016年7月1日，习近平总书记在庆祝中国共产党成立95周年大会上明确提出要坚持"四个自信"，即道路自信、理论自信、制度自信、文化自信。文化自信是对中国特色社会主义文化先进性的自信。坚持文化自信就是要激发党和人民对中华优秀传统文化的历史自豪感，在全社会形成对社会主义核心价值观的普遍共识和价值认同。文化自信是更基础、更广泛、更深厚的自信。中华民族优秀传统文化是文化自信的内容支撑之一。

一、文化自信

2016年修改版初中英语课程标准也曾提出重要的教学要求：了解中外文化差异，培养爱国主义精神，增强世界意识；要求学生不仅要将所学内容掌握熟练，也要对西方文化有进一步的了解。随着全球经济一体化的发展，中西方文化的交流与渗透越来越频繁，在英语教学中进行中西方文化的渗透，不仅能帮助学生理解英语语言蕴含的意义，增强理解能力，进而提升英语学科素养；也能让学生加强对中西方文化的理解，激发学生对中华优秀传统文化的自豪感，进而激发他们的爱国热情，培养他们的国际视野，为其以后的事业发展打下坚实的基础。

同时，课程标准也提出："要充分挖掘教材内容本身的教育性因素，注重在熏陶感染、潜移默化中培养学生的高尚道德情操，形成正确的价值观和积极的人生态度。"教材本身既是知识的载体，也是文化的载体。因此，教师要充分挖掘教材中蕴含的文化内涵与育人价值。人教版九年级教材 Unit 2 *I think that mooncakes are delicious!* 有关节日的文化内容丰富，覆盖了欧、亚不同国家、不同地区的不同节日。教材分A、B两部分，既包含中国传统文化节日，如中秋节、春节、端午节、元宵节等；也包含西方一些国家的节日，如圣诞节、万圣节、复活节、父亲节等。这些内容的安排详略得当且没有中西节日间的绝对界限，这不仅体现了文化无边界、中西方文化大融合，更体现了我国的大国风范。

二、传承、传播优秀文化

在教学中，教师要挖掘教材内容，培养学生树立正确的价值观与文化意识，进而提高文化素养，传承、传播优秀文化。

首先，通过听、说、读、写活动，比较不同国家的文化异同，让学生感受不同地区传统文化的特点，进行文化渗透。例如，中国的传统节日，如春节、中秋节、元宵节、龙舟节等，故事性强，有一定的渊源，这是传统文化节日的特点，教师可以引导学生对比思考春节与圣诞节的异同。通过对比，学生不难发现，两个节日都是中西方国家一个最重要的节日——家庭团聚的节日，引导学生构建家庭团聚文化，培养他们爱家、爱家人的思想情怀。又如，复活节彩蛋在西方是新生的象征；同样的在中国，庆祝生日也会吃鸡蛋或吃红鸡蛋，预示着新生与吉祥如意，这两者间有其共同之处。再如，中国有重阳节——这是尊老敬老的节日；西方有父亲节等，也有其类似的地方。通过对比中西方文化的异同，潜移默化地进行文化的渗透，从而真正让学生更加真切地感受中西方节日之间的文化差异，以便更好地求同存异，尊重彼此的文化，进而增强文化自信。

其次，可以通过材料补充与活动拓展，拓展学生的文化视野，开阔学生思维。由于篇幅所限，还有一些节日没有涉及，教师可以通过拓展任务，让学生进一步了解、巩固，常见国家的国庆节历史来源、庆祝方式的异同等，还有一些常见的节日，如情人节、植树节、读书节、啤酒节等，教师可以设置拓展任务，让学生交流分享；也可以搜集一些有关节日文化的书籍、音影资料等，通过多媒体的方式让学生更加直观地感受节日文化的丰富多彩。

三、增强仪式感

教师要引导学生意识到节日文化的意义之一——增强生活的仪式感。在妇女节、五四青年节、六一儿童节、教师节，以及生日、成人礼等特殊的日子里，通过举行仪式庆祝节日，在增进感情交流的同时，传承与传播一种文化、一种仪式感。在《小王子》中，小王子问："仪式是什么？"小狐狸回答："仪式就是使某一天与其他日子不同，使某一刻与其他时刻不同。"也许正是这种仪式感，才让生活成为精彩的生活，而不仅仅是生存。

2014年9月，习近平总书记视察北京师范大学时发表了"四有"好教师的重要讲话，专门强调，今天的学生就是未来实现中华民族伟大复兴中国梦的主力军，广大教师就是打造这支中华民族"梦之队"的筑梦人。广大教师要自觉做先进思想文化的传播者，要立足于培养中国特色社会主义事业建设者和接班人的需要，立足于国际视野、家国情怀，培养青年一代。他们既要有传播与弘扬中华民族优秀文化的勇气与能力，也要有坚持文化自信的底气与力量，还要有秉持世界大同的眼界与视野——文化自信，求同存异，和合共生。

"德"成于中，"礼"形于外

——以九年级 Unit 3 *Could you please tell me where the restrooms are?* 为例

本单元学习目标掌握和运用礼貌用语，礼貌用语相较其他日常口语，不同。本课的知识性教学目标是理解和掌握有礼貌地索取信息的语言结构，帮助学生突破含有wh-疑问词的宾语从句的难点。本课出现的礼貌用语句型有如下几种：

• Excuse me，do you know where I can...?

- Could you please tell me how to...?

- Can you tell me when...?

- Pardon me，do you know if...?

- I wonder where...

教师可以恰当地引导学生对这些句型进行整体记忆与运用，这样可以使相关内容变得轻松易学。

何为礼貌用语？礼貌，就是态度诚恳、亲切；声音大小适宜，语调平和沉稳；尊重他人。礼貌用语是表示尊敬和礼貌的词语，如日常使用的请、谢谢、对不起，第二人称中的"您"字等。礼貌是世界上通用的一门艺术。中国是世界闻名的礼仪之邦，礼是中国文化的突出精神，也是中国古代伦理思想的基本概念之一。好礼、有礼、注重礼仪是中国人立身处世的重要美德。中国文化将"礼"作为道德规范，甚至是一种社会秩序。麻烦别人说"打扰"，请人帮忙说"劳驾"，求人解答用"请问"，请人指点用"赐教"，等待客人用"恭候"，迎接表歉用"失迎"，别人离开说"再见"，请人不送用"留步"……英国哲学家约翰·洛克说："美德是精神上的一种宝藏，但是使它们生出光彩的则是良好的礼仪。"美好的道德是中华民族一脉相承的心灵气质，礼貌、礼仪是人们在频繁的交往中彼此表示尊重与友好的行为规范。教材开设本课就是为了培养学生谦逊知礼的美好品质，外显于谈吐用词的礼貌准确。礼貌，是内化于心，外化于行的，是尊重他人的具体表现，是建立友好关系的敲门砖。

本课重点学习如何用英语表达礼貌。不仅在国内人际交往中应有礼貌，与外国友人交流更应如此。巴特勒说：无礼是无知的私生子。可见礼仪的重要性。例如"谢谢"，无论别人给予你的帮助多么微不足道，你都应该诚恳地说声"Thank you."。对他人的道谢要答谢，答谢可以使用"别客气（You're welcome.）""我很乐意帮忙（I'm glad to help you.）"等来回答。一句"对不起"，在社交场合是缓和双方可能产生的紧张关系的灵药。如果你在公共汽车上踩了别人的脚，一声"对不起"，即可化解对方的不快。在涉外场合需要扰人并请人帮忙时，说句"对不起，你能替我把茶水递过来吗"，则能体现一个人的谦和及修养。在西方国家，在任何需要麻烦他人的时候，"请"都是必须挂在嘴边的，如"请问（Excuse me.）""请原谅（Pardon me.）""请用餐（Help yourself，please.）""请稍等（Please wait a second.）"等。使用"请"字，会使话语变得委婉而礼貌，是比较自然地把自己的地位降低，将对方的地位抬高的方法。

英语中"please""sorry""thank you""excuse me"等在日常生活中出现频率最高。不过要注意，不要把"please"放在句首，因为放在句首带有要求或者命令的口吻，最好是放在句子中间或末尾。请看例句：Please tell me how I can get to the post office. /Could you please tell me how I can get to the post office？/ Could you help me，please？这样的句子越长，越能表现出提问者的礼貌，也越能让对方感到被尊敬。表达的时候请注意，可以简单粗暴地说"Attention"，也可以稍微有礼貌地说"Attention，please."，而最有礼貌的用法是"May I have your attention，please？"。

询问别人的意思时，可以用if表示客气和委婉，如I wonder if you could tell me where the restrooms are？所以在提出请求前，要礼貌地征得别人的认可，而不是一直强调自己的需求。这样的礼貌用语，别人一听就会乐意帮助你。

提出要求时尽量用问句，而非祈使句。除了本单元的"Could you please..."，也可以用诸如"Would you mind...""Would you like..."等。

有时情态动词也表示礼貌用语，如may、will、can，但如果直接用这些情态动词来询问信息，对方会觉得非常刺耳，听起来不礼貌。它们的过去式might、would、could所表达出来的语气更加柔和，在交际中对方也更加容易接受。特别是对以英语为母语的国家的人。例如，本单元的标题*Could you please tell me where the restrooms are*？在外国人听来，就是"指您能告诉我厕所在哪儿吗？"如果用了"Can you（please）tell me where the restrooms are？"，那在外国人听起来就是"你到底能不能告诉我厕所在哪儿？"这两者的差别，相信大家都能领会。

学完以上基础知识，教师可以进行拓展，让学生思考，为什么情态动词的过去式表示的语气更加委婉有礼貌呢？学生通过搜索查询、归纳总结，对过去时态的理解会更加透彻。一般过去时不仅是时间的距离，还可以是事实和情感的距离。一般重点强调的是时间的距离，而事实的距离指虚拟语气（高中将要学习的内容），本单元就是强调情感的距离。例如，"Can I use your pen？"是针对现在的请求，是比较直接的问法。改成"Could I use your pen？"感觉是提问者在表达过去的想法，好像在说"我刚才想借用一下你的笔"。使用过去式提出的要求离现在要遥远一些，因为遥远而模糊，因为模糊而委婉，听起来就没有那么理直气壮、理所当然了，这样就达到了礼貌交际目的。

还可以设置一个小型的情景模拟活动，让学生模拟现实生活中遇到的向他人询问的场景，如问路、借东西等。首先让学生分小组排练，然后每个小组选出代表上台向大家展示他们组的表演，让其他学生指出表演小组所用的句式，或对其不足之处加以指正，教师最后做点评。这样可以让学生通过实践演练对礼貌用语的应用场景和使用方式更加清晰明白，也可以在课堂上对学生进行口语训练，锻炼他们的基本社交能力。

孔子曰："不学礼，无以立。"文明礼仪不仅是个人素质、教养的体现，也是个人道德和社会公德的体现，是城市、国家的脸面。我国是具有五千年文明史的礼仪之邦，讲文明、用礼仪也是弘扬民族文化、展示民族精神的重要途径之一。一个国家，个人是主体，对于个人来说，首先应该具备的就是文明素质，只有每个人都具备了文明素质，国家整体的素质才能提高。

正视被改变，保留主动权

——以九年级Unit 4 *I used to be afraid of the dark.* 为例

九年级Unit 4 *I used to be afraid of the dark.* 的目标语言非常简单，就是掌握used to的陈述、疑问和简单回答的用法。能力上要求学生运用used to结构来描述或询问过去的情况，谈论人物过去的特点，包括相貌、性格和兴趣爱好等，并进行今昔对比，最终要求学生进行自我完善、自我发展和自我成长。教材Section A介绍了外貌、性格、特点及喜好等方面的变化，讲了一个害羞女孩成长为一个明星的故事，鼓励学生战胜自我、追求成功。Section B介绍了一位乡村少年的成长故事，目的在于唤起学生的关爱之心，使其懂得体会亲情的可贵，理解父母的责任，并能在成长的路上注重心理的健康成长。

从小我的方面来说，教师要引导学生关注how we have changed，即我们自己所发生的变化，除了相貌、性格和兴趣爱好以外，还有其他方面的变化。引导学生进行深入的自我剖析，思考过去的自己有什么优点、长处及缺点、不足，思考自己将要成为一个怎样的人，克服不足，扬长避短，追求个体的自我完善。同时，按照教学进度的安排，学习第四单元的时候，学生进入九年级已经一个月的时间了。自开学至此，长长的暑假过后再次见到老师、同学的兴奋劲儿也告一段落，随之而来的是适应九年级学习生活的诸多变化，如schoolwork的紧张、homework的增多、presure的增大等。这些接踵而来的问题，无疑让九年级学生有些迷茫和彷徨。结合学生可能会出现的情况以及七年级、八年级学过的内容，教师可以在设置讨论的时候增加这些内容，如生活方式的异同、学科的学习情况、人际交往等。教师可以设置以下表格（表1），让学生结合自身实际情况，在真实的语言环境中进行语言交际，学生就不会无话可说，无内容可写了。

表1　现在与过去的对比

Items	In the past（used to）	Now
living habit （eating/sleeping/exercising）		
Daily routines （get up/ have meals/go to schoo...）		
Relations between people （friends/teachers/parents...）		
Spare time activities （sports/amusement/volunteer work...）		
...		

　　通过学生的交流，教师能够及时准确地了解他们的思想状况，抓住他们的心理，引导学生直面九年级的变化，不回避，正视九年级学生的现状，鼓励学生树立远大的理想，不畏困难，适应改变。促进学生的self-improvement，不仅包括外在形象方面的提升，也包括培养内在的气质，通过学习磨炼自己的意志力，发展能力和才华，争取做更好的自己。木心说过："小鸟欲高飞，虽飞亦不远，非关气力微，毛羽未丰满。"学生既要仰望星空，心怀梦想，更要脚踏实地，在成长中积蓄振翅高飞的力量，通过自我探索、自我批判、自我反省，关注自我发展，做到自我完善，为将来的振翅高飞积蓄力量。

　　教师要补充拓展There used to be...的句型结构，引导学生放眼整个社会、整个国家乃至全世界，认识到社会的改革变迁、人类的发展变化、科技的日新月异，引导学生更好、更清晰地认识这个世界，从而使其以更宏观且全面的视角来审视他们自身的发展，以便更好地适应日益变化的世界。同时，教师要引导学生关注目前全人类面临的一些负面问题，如生态环境的破坏（worsening of ecological environment）、全球气候变暖（global warming）、各国的争端（war and dispute）、落后国家的饥荒（famine）、各种病毒的出现（viruses）、无法避免的各种自然灾害（natural disasters）等，引起学生的重视，使学生全方位地了解这个世界的变迁，从而为未来的发展学习本领、积蓄力量。把学生从孤立的小我放到大千世界的广袤天地中，能激发学生的自豪感和使命感，使其树立"为中华之崛起而读书"的远大理想，为人类社会乃至整个地球的未来而读书。

最后需注意的是，在使用used to描述过去怎样的结构进行今昔对比的时候，会出现两种情况：一种是过去怎样，但是现在不怎么样了；另一种情况是过去怎样，现在还是怎么样。这就要求学生对于自身的情况进行一分为二的辩证对待：对积极的情况，继续传承并发扬光大；对消极的情况则要坚决摒弃。对青少年而言，就是要保持优良传统，摒弃不正之风，成就未来更好的自己，能做到自尊、自信、自律、自立、自强，做适应未来的更好的自己。

教书育人既是一个传授知识的过程，也是一个培养新生一代准备从事社会生活的过程。教师需将二者合而为一，贯穿整个课堂学习的过程中。习近平总书记强调，中国的未来属于青年，中华民族的未来也属于青年。"广大青年人人都是一块玉，要时常用真善美来雕琢自己，不断培养高洁的操行和纯朴的情感，努力使自己成为高尚的人。"他希望学生敞开胸怀拥抱自然，点点滴滴播洒阳光，经年累月铸就美好，努力做一个心灵纯洁、人格健全、品德高尚的人，努力做一个有文化修养、有人文关怀、有责任担当的人。立鸿鹄志，做奋斗者。未来不可预料，而未来已来，每时每刻的变化都要求每个人在成长的路上不断反省。成长正是由一个又一个的改变组成的，面对改变我们唯一需要做的就是悦纳改变，保留决定的主动权，遇到问题，解决问题，从而成就更好的自己，创造美好的未来。

各美其美，美美与共

—— 以九年级Unit 5 *What are the shirts made of？* 为例

  2020年10月12日，跟一位教语文的朋友聊起现在的初中学生，朋友感慨，现在的学生崇洋媚外，崇尚外国的月亮比中国的圆，衣服鞋袜要么选择国外品牌，要么海外购，过洋节比过中国传统节日还热心。圣诞节，她收到的礼物比教师节还要多，有些学生戴上圣诞帽来上课，有的在课桌边挂起了圣诞袜，更有甚者课间扮演圣诞老人——派发起圣诞卡卡和糖果。愚人节的课间活动更是充满了谎言和恶作剧……"都是英语老师惹的祸"朋友半是抱怨半是玩笑地说。

  身为英语教师，笔者从来不跟风追寻国外的月亮，笔者也不固执于争辩中国的月亮美还是国外的月亮美。费孝通老先生曾经意味深长地讲了一句十六字箴言："各美其美，美人之美，美美与共，天下大同。"就是指各个民族要弘扬自己优美的文化传统，同时善于欣赏、学习对方的优秀文化。"美美与共，天下大同"，各个民族、各个国家的优秀文化互相包容、互相学习，才可以展现一个多彩的世界、多元的文化，才可以建立一个大同社会。

  英语作为知识性、思想性和审美性兼有的基础学科，其教学的首要原则应是"外语教育与思想教育、审美教育相结合"，即实现"文、道、美"的高度统一。跟朋友聊过后的第二天，笔者着手准备第五单元的教案。第五单元以"产品制造"为话题，Section A、B两部分的听力和对话先展开对物品的材料、产地、制造过程的讨论，让学生感知一般现在时的被动语态，并且学会熟练、正确使用被动语态去谈论物品的材料、产地、历史、描述物品的制造过程。所谈物品围绕各国传统文化元素展开，如泰国的银戒指、美国的纯棉衬衫、韩国的钢筷子、中国的茶叶、山东潍坊的风筝等。笔者开始思考：是不是可以通过这个单元的英语课给"追寻国外圆月亮"的学生一点启发呢?

短文*The Difficult Search for American Products in the US*介绍学生Kang Jian 在美国寻找美国地道礼物的困难,点出我国在世界经济竞争中的优势和短板;*Beauty in Common Things*主要介绍中国特色的传统艺术品——sky lanterns、paper cutting和clay pieces,短文从介绍普通材料做成这些艺术品之美说起,展示出国人对生活和美的热爱。结合这两篇阅读短文,笔者决定从下面几个方面来开展"各美其美,美美与共"的理念渗透。

首先,引导学生开展追寻世界级民族品牌的活动。Section A短文*The Difficult Search for American Products in the US*的教学中,不少教师通过讲述brand与product的区别,结合Kang Jian的愿望,向学生剖析我国民族制造业的不足,重在培养学生的民族责任感,鼓励学生为理想目标而奋斗。但是教材编写距离现在已将近十年,在这十年间,我国的民族工业发生了翻天覆地的变化,涌现了很多走向世界的民族品牌,如联想、青岛啤酒、中国银行、百度、中国移动、海尔、中国国际航空公司、中国电信、中远集团、华为等。民族企业和民族品牌是中华民族的名片,有必要补充材料让学生了解这种令人欣喜的改变。当然,教师也应该客观地向学生指出:民族企业肩负着代表中国文化和中国制造走向世界的历史使命。打造中国民族品牌就是要树立民族品牌文化之魂。民族的就是世界的,越是民族的东西越容易走向世界,应该"美人之美,美美与共",用从容自信、平等包容的姿态为中国经济发展做出生动的演绎。

其次,结合本地的非遗文化特色项目,开启多彩文化体验之旅。习近平总书记在党的十九大报告中提出:深入挖掘中华优秀传统文化蕴含的思想观念、人文精神、道德规范,结合时代要求继承创新,让中华文化展现出永久魅力和时代风采。非遗文化是我国传统文化的重要组成部分,是千年文明古国的历史积淀,是中华民族传统文化的瑰宝。我们学校地处牌坊街,这条街正好是潮州非遗文化项目,是潮州木雕、潮绣、潮州剪纸、大吴泥塑、潮剧、潮州花灯、潮州工夫茶、潮州嵌瓷技艺、麦秆画剪贴画、手拉朱泥壶等的展示聚集地,但由于"久在兰室，不闻其香"，学生每日置身其中，忽略了身边这些文化之美。因此，笔者鼓励学生利用周末时间通过多种形式的寻访、体验、交流活动探索这些非遗文化隐藏的历史与故事，通过对这些非物质文化遗产的追寻与体验，了解博大精深的中华文明和悠久灿烂的大国历史，让学生通过体验感悟什么是"各美其美，美美与共"。

最后，结合单元的写作课，笔者设计了实践性活动，发起了寻找"最有中国特色的礼物"的活动，让学生为外国朋友挑选三种最能代表中国特色的礼物，并附上礼物的介绍（材料、产地、制作过程、历史、寓意等）。为了更好地完成任务，有的学生甚至专门请教民间艺术大师。在presentation的过程中，学生兴致勃勃，热切地推介他们选择的礼物，挖掘礼物蕴藏的文化与内涵。这何尝不是在用英语传播中华民族的优秀文化呢？让人感到意外、惊喜的是：一组学生别出心裁地推荐了华为5G手机作为礼物。这说明，笔者的观点已经开始潜移默化地影响学生，他们的行动表明他们已经认识到"中国的月亮也很圆、很美"，相信经过这样的引导，他们不再执着于追求西方品牌，开始学习欣赏品牌背后的文化底蕴。

"中国创造"挺起民族制造业的脊梁，"中国品牌"将会逐渐走入世界、走上国际舞台，成为熠熠夺目的一颗颗明珠。

发明创新，创造美好生活

——以九年级Unit 6 *When was it invented?* 为例

九年级学生思维活跃、兴趣广泛、乐于探究、接受新事物快，这个时期的学生生理和心理都进入快速发展阶段。他们开始以一种全新的视角看待自己、看待别人、看待人际关系和价值理念。他们喜欢进行丰富、奇特的幻想；喜欢别出心裁和标新立异，表现出强烈的创造欲望。在认知与思维的发展上，他们思维的灵活性迅速发展，具有一定的独创性思维与批判性思维。

第六单元是九年级期中考后学习的首个单元，此前学生刚刚学习了一般现在时的被动语态，对于被动语态的基本用法与结构有一定的了解，本单元的主要语法是一般过去时的被动语态，学生应该不难理解和掌握。第六单元的主题是"发明创新，创造美好生活"。十九大报告提出，创新是引领发展的第一动力，是建设现代化经济体系的战略支撑。教师要培养造就一大批具有国际水平的战略科技人才、科技领军人才、青年科技人才和高水平创新团队。发明创造应该从学生抓起，只要给学生一些方法、思路，激发他们的兴趣，他们就能适应创新的形势，发明、创造的产品项目就会源源不断地产生。

本单元的主题语境是发明创造，结合Section A进行听说训练，使学生了解一些近现代发明物（如拉链、电话、汽车、电视和电脑）的发明时间与用途，并掌握使用一般过去时的被动语态来谈论物品发明的时间、发明者及用途。Section A中的*An Accidental Invention*是一篇介绍神农发明茶的小故事。这篇短文讲述了远古时期茶的发明—封建社会茶的发展—近现代社会茶的影响力，言简意赅，勾勒出茶文化的发展历程。Section B的短文是讲述篮球的发明与普及。从这两种普通物品的发明及传播，可以看出，当今世界正在逐渐成为一个"地球村"，世界各国在文化、科学、生活等各个方面互相交融、互相影响，你中有我、我中有你。发明创新不仅可以改变我国，甚至有可能改变全世界。

英语学科的育人目标涵盖了情怀、视野和能力。英语课程的育人价值涉及语言知识、语言技能、学习策略、情感态度（动机、兴趣、自信、意志、合作精神、国家意识和国际视野）、文化意识（文化知识、文化理解、跨文化交际、跨文化意识和能力）这几个维度。但是纵观这个单元，笔者发现教材只介绍古代和近代两种历史比较久远的发明，对于现代甚至是当今的科技发明只字未提，缺乏引领学生对全球科技文化的感悟和国际视野的拓宽。在经济全球化、文化多元化的背景下，重视培养学生的跨文化知识、开阔他们的全球化视野是非常重要的。在人才的培养目标上，教师应该具有一定的超前意识。

首先，可以通过材料补充与活动拓展，开阔学生的国际视野，拓展学生的思维，让学生在参与语言活动的同时开阔视野、放眼世界。例如，近期的政治热点——华为手机的相关热点信息，让学生了解我国数码科技的进步及对全球5G技术的贡献。当前世界突发新冠肺炎疫情，科技创新在抗疫前线取得了重大成效，无人机、智能机器人、健康码等科技的发明与使用为我们提供了安全高效的防疫手段；中国工程院王辰院士提出的方舱医院方案解决了专门医院床位不足的难题，钟南山院士、李兰娟院士等专家提出的病毒人传人、病源追溯、中西医结合治疗等措施使我们在短短两个月内就遏制了病毒的传播。韩国、日本学习我国的经验也取得了显著成效，意大利、伊朗等使用我国研发的核酸检测试剂盒，在我国专家的指导下抗疫，欧洲国家也学习我国的治疗方案，全球专家都共享疫情数据和病例基因序列，加快合作开发疫苗。"山川异域，风月同天。""道不远人，人无异国。"人类命运共同体也是人类科技发展共同体，我们每个人其实都是中国的世界人和走向世界的中国人，全人类休戚与共。

其次，可以设计相关的综合性活动或者应用实践类活动引导学生进行创造与发明，逐步引导学生以活动体验实现道德的内化和智慧的生成。学生分组介绍自己小组科技发明的成果；也可以在班里开展"创意之星，点亮未来"活动，以小组为单位，学生展开想象的翅膀，进行微发明或微创造活动，小组合作完成后，在班里进行presentation，评选出"创意之星"。以活动为引领，培养学生对当前科技热点的兴趣，学生自然就会从关注到参与再到投入，从而提升他们的综合素养，激发他们科技发明的激情。

党的十九大报告中提道："我们生活的世界充满希望，也充满挑战。我们不能因现实复杂而放弃梦想，不能因理想遥远而放弃追求。没有哪个国家能够独自应对人类面临的各种挑战，也没有哪个国家能够退回到自我封闭的孤岛。"只有培养学生的合作精神、国家意识和国际视野，激发学生的创新意识，才能使学生放眼世界、自主创新，成为新格局的塑造者、新路径的开辟者和新辉煌的开创者，为建设现代化强国和支撑中国履行"构建人类命运共同体"的使命做出新的贡献。

我的青春我做主

——以九年级Unit 7 Teenagers should be allowed to choose their own clothes. 为例

每个星期四下午的科组会，在完成教研任务以后，教师们都会在最后10分钟开始闲聊。每次不管从什么话题开始，最后都会落到班上的那群"神兽"身上，瞬间每个教师都成了段子手，各种匪夷所思的事情，只有你想不到，就没有"神兽"们做不得到的。大家说着笑着，空气中充满了欢乐的气氛。今天的科组会也不例外。但是在即将散会的时候，今年刚担任班主任的小L却突然叹了口气说："我们班有个女孩子，昨天晚上离家出走了，到现在还没有回来，我和家长都急死了。你们帮我问问，看看有没有哪位同学知道她在哪里。"空气突然凝固了，几位老教师开始给小L支着。笔者因为赶着上课，就拍了拍她的肩膀离开了。

那天教学的内容正好是九年级Unit 7 *Teenagers should be allowed to choose their own clothes.* 笔者提前布置了学习内容，要求学生罗列作为一名teenager，有哪些should do和should not do的事情，学生填好一张表格（表1），然后在课堂上进行交流。

表1　学习内容布置

My name	Should be allowed to do	Should not be allowed to do

这样按部就班上下来，波澜不惊，完成教学任务是不成问题的。根据往年的经验，学生讨论的过程一般也不会冷场，效果不会差。

不出所料，课上得非常顺利。学生列出了诸如smoke、drive、eat in class、be late for school等不应该做的事情，以及study、sports、do housework、help others等应该做的事情，然后学生分组汇报，互相交流。随着下课铃声响起，一节课就这样结束了。

然而笔者总觉得这节课太浮浅了。学生在课堂交流过程中敷衍的眼神、夸大的表情、流畅的诵读、程式化的对话，让笔者始终感觉有点别扭，一切都指向一个笔者不想面对的词：虚假。反倒是Wu同学那一声搞怪的尖叫，引来全班同学哄堂大笑，让笔者感到心里还踏实些。加上刚才小L老师班上学生离家出走的事情，笔者觉得需要深入反思这节课的设计。

下一个班的课在第二天，需要重新整理思路，调整教学设计。经过一夜的思考，第二天笔者在原来的教学设计上做了大幅度的调整，用一种别开生面的形式上了一堂鲜活灵动的课，学生表现出来的真实情感令人动容，效果非常好。（PS：小L老师班的学生第二天晚上回来了，没有发生任何意外，据说该学生就是想一个人静静，于是到一个公园里独自待了一个晚上。）

适逢笔者参加了宗健老师的名师工作室，宗老师要求其工作室的教师在英语学科教学中贯彻落实立德树人的思想。趁着这个机会，笔者把这一节课的教学策略整理出来跟大家共享。

一、所见非所得：伪装隔断

众所周知初中生叛逆、难教，你说向东，他偏要向西，甚至把跟大人对着干作为乐趣，为反对而反对。教师为之头痛，家长更是接近崩溃。关于青春叛逆期的表现和教育方法，各种书籍、文章非常多，各种所谓的妙招层出不穷，然而似乎都只是赚个噱头，并没有太大的成效。该逆反的还是逆反，该叛逆的还是叛逆。那么，应该怎样处理这些问题呢？

笔者自工作以来一直在初中任教，做过多年班主任，跟这些小"神兽"们斗智斗勇了无数个日子深深地知道，真实的青春期并不像看起来那样鲜活，在我们看到的面孔之下，有一颗颗伪装的心。

其实，所有的初中生都不会接受大人给他们贴的"叛逆"的标签，这个标签也只是大人居高临下、想当然的臆想，这恰恰反映了家长和教师与青春期学生间的隔阂。"叛逆"两个字几乎成了一道隔离墙，隔断了两边互相交流的可能。面对强势的家长和教师，学生学会了伪装。如果教师不解这一点，那么，他的教育工作很可能会隔靴搔痒，甚至是南辕北辙。学生的伪装通常表现为以下两种形式。

伪装之一：

每一颗青春的心都是火热的，每一颗火热的心里都有一个燃烧着的梦。然而家长和教师却未必能够感受他们的心，理解他们的梦。面对家长和教师的谆谆教诲，他们把倔强伪装成了顺从。学校里有一群学生，他们听话、乖巧，他们懂事的程度远远超出他们的年龄。然而你所看到的只是他们的表面，在他们的笑容之下，仍然保留着一颗追求独立的心。在你看不到的角落里，他们会展现出不一样的风采。

伪装之二：

每一次冲突，其实都是一次自卫；每一次逆反，都会留下深深的伤痕。家长和教师只看到学生表面的桀骜不驯，却不知道坚硬的外壳之下，是一颗颗脆弱而敏感的心。他们可以自卑，可以彷徨，可以无助，但一定不能妥协，于是只好一次次装作坚强，装作强大，把渴望伪装成不屑，把悲伤伪装成愤怒，在与家长和教师的对抗中寻找安全感，找到属于自己的那一片天空。你所看到的只是他们的表面，在他们的冷漠之下，仍然有着温暖的心。在你看不到的角落，他们会展现不一样的柔软。

因此，学生并没有家长和教师想象的那么简单。所见非所得，家长和教师面对的常常是一个伪装过的面孔。家长和教师需要走进学生内心，找到与他们共振的频率，这样才能与他们真正合奏出美妙的生命乐章。学生的伪装来自与家长和教师之间的沟通鸿沟，而鸿沟的来源，则是缺乏尊重的表现。尊重是交流的前提，处于青春期的学生，对被尊重的渴望尤其强烈。

学生需要获得尊重，这种尊重首先是情感上的尊重，家长和教师需要在了解学生与成人之间差异的基础上，尊重学生的想法、习惯、追求，哪怕他们显得离经叛道，也需要通过沟通来调整，而不能用命令的形式。另外，在形式和仪式上，家长和教师也需要给予学生足够的尊重。这种尊重，来自平等，来自共情，来自对生命的热爱。

二、所见即所得：卸下心防

回到前述的教学内容，该单元为九年级第七单元，话题是 *Teenagers should be allowed to choose their own clothes*，在五维目标空间中，语言目标是非常清晰的，理解并正确运用本单元的重点词汇与句型即可，技能目标可界定为熟练运用should（not）be allowed to do谈论应该被允许和不应该被允许做某事，熟练运用I agree/disagree或I don't agree表达自己的观点。

在学习策略方面，教师可以引导学生通过思考整理出should（not）be allowed to do的事项，通过与他人分享和交流，发现语言规律，并能运用规律做到举一反三，鼓励学生在课内、课外的学习活动中尝试用英语与他人交流should（not）be allowed to do的事项，并做到善于借助手势和表情进行交流。

在文化意识方面，主要是讨论中外审美观的差异，教师要帮助学生形成自己的审美观，适度展示自己的个性，同时帮助学生了解中西方对少年文明规则的不同规定，使学生学会在遵守规则的前提下发展自己的个性。

难点在于情感目标，引导学生通过了解和反思自己的言行举止是否符合中学生日常行为准则，规范自己的言行，从而养成自觉遵守规则的良好习惯和优良品德；培养学生正确看待家规、班规、校规等，并认真遵守；同时也希望学生明白父母、教师的合理建议对自己成长的重要性，尊重父母和师长。然而正如前面所言，在学生伪装之下，情感目标很难达成。学生会揣摩家长和教师的意思，言不由衷地表达和分享，他们说的并不一定就是他们想的。要让学生卸下心防、真实表达，需要教师在教学设计上下一番功夫，下面从三个方面加以说明。

任务设计一：改进的表格

在前面的表格中，学生只搜集整理should be allowed to do或should not be allowed to do的事项，这里面只有规则，没有自己的想法。例如，学生会把wear own clothes at school列入should not be allowed to do事项，因为他们知道这是校规的要求，但他们内心的真实想法无法表达出来。道德和规则压制了学生的真实表达，这是虚假的原因之一。因此，笔者把前面的表格稍做改动，成为下面这个样子（表2）。

表2　改动表1后的内容

Behaviours	Allowed to do	Not allowed to do
I should do		
Behaviours	Be forced to do	Free choice
I should not do		

完成这个表格需要学生进行思考：哪些事项是自己认为应该做，但却不被允许的；哪些事项是自己认为不应该做，但却被强制要求去做的。这个表格就能够在一定程度上反映学生的真实想法，从而帮助学生更好地理解规则，让教育触动到学生的内心。

任务设计二：改进的流程

学生对于规则的理解之所以倾向于负面，一个很重要的原因就是规则通常都是由成人制定的，学生并没有发言权，因此他们存在抵触情绪。为了帮助学生理解规则，需要让学生参与规则的制定和讨论，于是有了以下任务表格。

请分别罗列五条在班级中受鼓励的行为和不被允许的行为，并按照重要性从高到低进行排名和赋分（根据重要性从高到低的顺序分别获得8分、5分、3分、2分、1分）（表3）。

表3 任务表格

序号	受鼓励的行为	不被允许的行为
1		
2		
3		
4		
5		

罗列规则是比较容易的，但是按重要程度进行排名，就需要学生对行为的后果和影响进行深入思考。这个思考的过程就是学生理解和认同的过程。

任务设计三：多元的交流

在平等的基础上，以尊重为前提，开展有效的交流，是帮助学生与家长达成共识的重要途径。交流是双向的，同时也应该是多元的。在本节课笔者设计了以下几个交流环节：

一是，与父母交流。笔者把表1打印出来，给学生每人两份，一份由学生做，一份请家长帮忙填写。笔者担心家长不愿意配合，因此提前对有关情况在微信群里进行了说明，并且附上了一个关于亲子交流的视频。结果有点出乎意料，绝大多数家长都非常配合，填写了这份表格。

在家长填写好以后，由学生和家长对表格进行对比，找到其中的共同点和不同点，做好标记，然后分别说出自己的看法。交流后，可以修改表格，也可以不修改。

二是，与同学交流。在课堂上，学生需要在小组内陈述自己的表格，并且简要说明父母的表格与自己表格的相同点和不同点，然后交换表格，并进行讨论。要求小组最后上交一份汇总的表格，表格内每一个单元格最多只能包含5条内容。这就要求学生之间进行充分的交流，找到大家都认同的观点，这样才能完成学习任务。需要注意的是，在讨论过程中，教师应鼓励学生尽量使用英语，实在无法用英语表达时才能使用汉语表达。最后，每个小组选出一位代表对本小组的表格进行陈述。

与同学的交流还有一个重要的环节，就是对学生上交的班级规则进行汇总、加分，按照得分由高到低的顺序进行排列，列出前20条，然后由部分学生对这些规则进行说明。说明完毕后，让全体学生投票，选出10条作为班级规则，要求全部学生都要遵守。

三是，与教师交流。教师需要倾听学生的观点，尽量不要对学生的观点进行价值的判定，但可以陈述自己的观点供学生参考。在倾听的过程中，教师不要打断学生的陈述，即便是存在语法错误，也要耐心地等待学生陈述完毕再予以纠正。同时，教师可以利用自己的学识和阅历优势帮助学生扩展知识，加深理解。在这个环节，教师还承担着一项重要的工作，就是帮助学生了解中西方文化的不同规则，让学生体会这种文化差异。

需要注意的是，英语课不同于思想品德课，所有的活动都不能脱离语言目标、技能目标和文化意识目标，教师要在指导学生完成上述目标的过程中，使学生掌握学习策略，实现情感的提升。以本节课为例，整个交流都要建立在对词汇和句式充分掌握与熟练运用的基础之上进行，活动是帮助学生加深理解的方式之一。

三、所见岂所得：青春飞扬

维特根斯坦留给世人的最后一句话是："告诉他们，我度过了美好的一生。"

立德树人，立什么样的德？树什么样的人？教师们心中也许会有各种各样的答案，但是笔者相信所有的答案都有一个共同点，那就是成就生命的美好。

生命是如此美好。当教师自己也卸下伪装，静静地倾听学生心跳的声音时，他们会沉醉于世上最美好的音符：那是春雨钻进泥土的声音，是泉水欢快流淌的声音，是花蕾悄然开放的声音，是竹子拔节伸展的声音……闭上眼睛，我们可以闻到花的香，尝到水的甜。

身为教师，能够陪伴学生成长，能够在他们人生中最灿烂的阶段陪着他们开花，是多么幸福的事情。让我们慢下来，蹲下来，轻声细语地跟这些可爱的小精灵进行交流，你会发现他们不再是一群横冲直撞的大"神兽"，而是一帮奔向未来的小可爱。

青春需要被尊重，需要被呵护，他们也许会莽撞，也许会迷茫，然而走过莽撞与迷茫之后，他们将迎来的无限宽广天地。师长们不应该也不能够用围栏困住矫健的骏马，而应该放开缰绳，让他们在草原上驰骋，奔向属于他们自己的远方。

追溯历史，探索自然

——以九年级Unit 8 *It must belong to Carla.* 为例

我之所以能在科学上成功，最重要的一点就是对科学的热爱，坚持长期探索。

——达尔文

很多人认为，英语作为一门语言教育学科，与数、理、化等偏向逻辑思维的学科毫不沾边。以至于一讲起理科的学习，身边很多人都是一副"讲多了你也不懂"的表情。其实，英语既是一门技艺与实践紧密结合的语言学科，又是一门包罗万象、涵盖广泛的知识学科，同时还是一门集人生哲理与人类成长经验于一体的文学学科。笔者一直思索着找一个机会合适的某些人对英语教学的片面认知。这一天，机会终于来了。学校在第14周举行教学开放周，要求不同学科的教师互相听课评课，取长补短。笔者结合教学进度，选择了九年级Unit 8 Section B的阅读短文*Stonehenge——Can Anyone Explain Why It Is There?*

Unit 8 Section A以a picnic为话题展开教学内容，以It must belong to Carla为主线围绕谈论某东西属于某人等语言功能展开一系列任务活动，引导学生归纳总结情态动词can、may、must表推断的用法，学会如何使用这些情态动词进行推测。Section B的阅读是一篇介绍英国巨石阵的说明文，通过阅读，学生了解了英国巨石阵的概貌以及不同历史学家对这个历史未解之谜的各种猜测。短文以问题作为标题，令人耳目一新，激起学生的新鲜感和好奇心。虽然这是一篇涉及人文、介绍自然奥秘的短文，但能否在语言教学中挖掘出科学素养的元素呢？笔者决定尝试一下。

九年级学生的思维非常活跃，他们不再是被动的接受者和服从者，而是力求成为主动的探索者和发现者。教师对学习活动的设计应侧重于把学生置于新角度、新问题和新思路中去，这样才符合他们好奇求新的心理需求。但由于这是初中教材中为数不多的说明文体裁，很多学生对英国历史和人文所知极少，更没有去过英国，因此教师有必要提前补充材料，为学生扫清因背景知识不足而带来的阅读障碍，拓宽学生的文化视野，拓展他们的思维。为此，在导学案里，笔者提前让学生观赏巨石阵的视频，上网搜索英国历史特别是史前不列颠的资料，课前在小组里分享。

另外，课文虽然介绍了历史学家对于巨石阵种种谜团的猜测，但都没有给出肯定的答案，给读者留下很多想象的空间。在读后活动中，笔者巧用课文的留白设置问题，如巨石阵代表什么，为什么会建造出来，巨石的排列有什么意义等，引导学生展开想象，探究巨石阵的奥秘，培养学生的创造性思维（图1）。

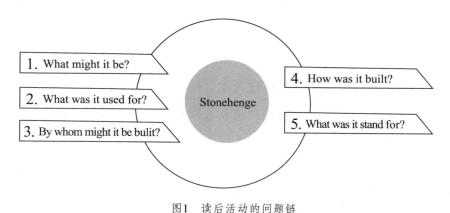

图1 读后活动的问题链

杜威过："科学的每一项巨大成就，都是以大胆的幻想为出发点的。"课堂上，小组成员进行讨论，大胆地表达自己的看法，然后由组长综合组员的观点，并在全班同学面前展示探究结果。在讨论过程中，学生的思维处于完全开放的状态，他们用现代科学的眼光探索史前人类的生活奥秘，交流不同的看法和意见，极大地丰富了他们的想象力和创造力。在组织学生合作探究的过程中，笔者适时引导学生从对课文内容的学习与理解走向对自然、社会、人生的关注与探讨，使学生懂得体会生命、生活、生存的真谛，不断提升其思想道德素养。

最后，笔者组织学生组成学习合作小组，开展"探索自然奥秘"的课外研究性学习活动，让学生自主选择自己感兴趣的项目进行探究，如楼兰古国的消失、埃及金字塔之谜、失踪千年的罗马古城、玛雅文明神秘消失之谜等，引导学生从课内走向课外、由校内走向校外，进行综合性实践活动研究，通过追寻昔日灿烂文明背后的故事及对消亡原因的推测，培养学生科学探索和创新的精神，引导他们敬畏自然、欣赏自然、探索自然。课外实践的巩固和强化，把学生在课堂学习中明白的道理、萌生的情感、树立的信念转化为道德行为，进一步拓展学生的道德实践空间。

这节课上完后，很多教师都感叹：原来英语课也不仅是英语课，历史老师发现这是对于史前古迹的人文追溯；地理老师找到了学生关于巨石阵与太阳照射关系的手绘图；科学老师找到了他们教学中常见的科学探究方式……

党的十九大报告指出，要坚定地实施科教兴国战略，并指出要"培养造就一大批具有国际水平的战略科技人才、科技领军人才、青年科技人才和高水平创新团队"。青少年是祖国和民族未来科技创新的希望，科学素养是青少年全面发展的核心素养之一。国务院颁布的《"十三五"国家科技创新规划》中要求，以增强科学兴趣、创新意识和学习实践能力为主，完善基础教育阶段的科学教育。随着科教兴国战略思想的深入，笔者相信，以培养学生创新精神和科学素养，注重学生实践能力和个性发展为目标的科技创新实践活动会越来越频繁地出现在我们的英语课堂中。英国著名女作家莱辛说："好奇的目光常常可以看到比他所希望看到的东西更多。"笔者希望自己时刻保持好奇的眼光，引导学生在学习语言知识的同时拓展人文知识，把握时代脉搏，提升自身科学素养，充分体现英语学科的新异性、应用性和人文性。

.

我的世界你不懂

—— 以九年级Unit 9 *I like music that I can dance to.* 为例

笔者是一个音乐发烧友，每天看书学习的时候都喜欢听一些轻音乐，每天不管多忙，笔者都要抽出时间来弹一会儿钢琴。徜徉在音乐的海洋里，心里平静如水，是笔者一天里最享受的时光。由于自己喜欢，每节课上课前笔者总会提前到班级里播放一两首学生喜欢的音乐，跟学生一起欣赏。

九年级Unit 9的话题是音乐和电影，每年教到这个单元，笔者都特别愉快，因为可以跟学生畅谈喜欢的音乐了。在跟学生聊这个话题的过程中，笔者发现每一届的学生喜欢的音乐会有所不同，但无一例外的是他们的"潮"和笔者的"out"。笔者努力地追随流行音乐的潮流，尝试找到与学生的交集，但笔者始终都会落后他们一步。笔者终于发现，笔者永远也追不上他们的潮流，只能看到他们的背影在阳光下飞奔。

一、沉思

当笔者静下心来思考这个问题的时候，忽然发现笔者所做的其实都是无用功，既不可能也没有必要。潮流就像是沙滩上的浪花，虽然美丽，但你还没来得及仔细欣赏，它就已经破灭了，下一朵浪花又接踵而来，它的转瞬即逝是永恒的规律。真正有价值、有内涵的内容，反而会像沙子那样沉下来，你虽然没有注意到，但它正在温柔地抚摸着你的脚丫，那么舒服，那么温暖。对于音乐来说，潮头上的浪花固然美丽，但是沉淀下来的经典更能抚慰人心，余音绕梁。因此，笔者更应该做的是提高学生的音乐鉴赏力，引导学生感悟经典乐曲美妙的音律。

对于中国人来说，民族音乐是能与心灵产生共振的声音。宫商角徵羽，婉转悠扬的旋律，像是妈妈的手，暖暖的、软软的，令人沉醉。古琴、古筝、琵琶、笛子、二胡、葫芦丝，每一种乐器都能够撩动我们的心弦，每一首乐曲都能够唤起我们美好的想象。小时候老师教的《月光下的凤尾竹》《茉莉花》，记忆深处的《梁山伯与祝英台》《春江花月夜》等民族歌曲，是我们永远都不可能忘掉的声音。然而，对于现在的学生来说，这一切是那么陌生。他们生在中华大地上，却有可能没有把根扎进这片土地中，从而变成一群无根的人。如果他们从小心里跳动的是毫无内容的rap，回响的是无病呻吟的绵羊音，在人生最重要的阶段缺乏传统文化的滋润，这样的人生恐怕是很难充盈的。

笔者虽然不是音乐教师，但是英语课上，借助这个话题，跟学生聊一聊民族音乐和民族歌曲，却是分内之事。因此，从这一次开始，笔者决定改变策略，不再去迎合他们的趣味，而是用他们喜欢的方式，引导他们去学习和欣赏我们民族的乐音。

二、调整

Unit 9的课题是*I like music that I can dance to.*教学目标是非常清晰的，那就是组织和引导学生通过讨论"音乐和电影"的话题，以表达喜好为交际目标，掌握在这些语境中学习和运用由that、who、which引导的定语从句。以音乐为例，一般情况下教师为了激发学生的表现欲，鼓励学生大胆表达，都会听任学生自由讨论，至于讨论的内容和结果，往往不太重视，只是关心他们的单词和语法运用是否正确，语音语调是否标准流畅。事实上，对于学生来说，他们会更加重视他们所表达的内容，如喜欢谁的歌，喜欢什么类型的歌，但是同桌喜欢其他人，喜欢其他类型的歌，他们会因为这个原因而辩论，下课以后也会继续争辩，甚至你会发现在这一单元学习的时间里，他们还会在交际圈里不停地向其他人推荐各种歌曲。因此，笔者决定不但要设计好语言语法这个酒瓶子，还要精心准备好传统民族音乐这一瓶酒，用一堂精彩的英语课带领学生好好品一品这香醇的美酒。

但是大部分学生对于民族音乐了解甚少，甚至有点陌生，他们想当然地认为这些乐曲已经"out"了，只有老人家才会听这些乐曲。贸然推送这些乐曲给学生，很可能吃力不讨好，甚至有可能被学生喝倒彩。因此，笔者需要设计一些活动来铺垫，然后才能有效地组织这堂课。笔者设计的策略包括以下几个方面：

其一，提前两个星期改变每节课课前欣赏音乐的曲目，选择一些学生喜欢的古风歌曲，如《大鱼》《丹青客》《杀阡陌》《一辈一素》等，这些歌曲虽然是流行歌曲，但是采用了民族音乐的五声音阶，伴奏乐器都是民族乐器，具有民族音乐的韵味。这些歌曲都是某个游戏或电视剧的主题曲，或者是由某位当红歌星演唱的，因此在学生当中有一定的知名度和传唱度，学生容易接受。然后在适当的时候，笔者会告诉他们，这些歌曲有一个共同的名称：古风。

其二，跟学生一起简单分析古风歌曲的特点，引出民族音乐五声音阶和常见的民族乐器，安排学生通过网络了解这些音乐知识，然后让学生帮忙推荐好听的古风歌曲和民族乐曲，并在适当的时候从古风歌曲逐渐转向经典的民族古典乐曲和民族歌曲，重点向学生推荐民乐合奏《春江花月夜》、广东音乐《雨打芭蕉》、葫芦丝独奏《月光下的凤尾竹》、女生独唱《茉莉花》等旋律优美的乐曲，并鼓励学生广泛搜集其他的民族古典音乐。

其三，在上课前一天，笔者发放了一份调查表，引导学生收集喜欢的民族音乐类型（表1）。

表1　喜欢的民族音乐

序号	乐曲名称	类别	地区	特点

　　有了以上铺垫，在上课的过程中，学生围绕民族乐曲进行讨论，就非常顺利了。笔者在课堂上还组织学生对大家推荐的曲目进行投票，根据票数多少选出排在前面的10首民族乐曲。不出所料，学生在课堂上非常投入，不但学到了英语语法知识，还真真切切地享受了一次民族音乐的盛典。

　　其四，笔者趁热打铁，趁着学生热情未消，把学生票选出来的10首曲子连环播放，还穿插了一些笔者搜集的民族乐曲，让学生在课内课外开始哼唱，形成了笔者所在班级班最独特的声音。

三、回响

　　过了两个星期，一个女学生悄悄地给我发了个微信，问笔者有没有听过《梦里水乡》，会不会唱这首曲子。这是一首民族风非常浓厚的优美歌曲，笔者给她发了几个不同的版本，希望她会喜欢。笔者惊喜地发现，笔者在学生心中种下的种子已经开始生根发芽。

　　民族的，就是世界的。身为中国人，长于黄土地，民族音乐就像是远古的回响，是根里的记忆，是外婆的糍粑，是妈妈的叮咛，无论我们身处何地，正当何时，当那一声声宫商角徵羽缓缓响起时，我们的心弦总会不由自主地颤动。

　　学生是属于未来的，但他们始终有一根"脐带"，连着中华民族悠远的过去。希望民族音乐在这一根"脐带"里永远传响。

各美其美，美人之美，美美与共，天下大同

——以九年级Unit 10 *You're supposed to shake hands.*为例

《义务教育英语课程标准（2011年版）》明确指出，英语课程的学习既要发展语言能力，又要提高人文素养。当今世界的发展日益趋向多元化，国际交往增多，文化的流动与渗透日益明显。了解文化差异，增强世界意识，符合当今人才培养的需要。课程标准还提出英语课程的任务是帮助学生了解世界和中西方文化的差异，拓宽视野，培养爱国主义精神，形成健康的人生观，为他们的终身学习和发展打下良好的基础。这就要求教师结合教材，在向学生传授语言知识的同时，更要向学生传递文化知识，培养学生的跨文化意识，提高学生英语交流、交际的能力。

Unit 10 *You're supposed to shake hands.*要求学生学习正确运用be supposed/expected to+infinitive的结构来表示应该或被期望做某事，以及正确运用it is + adj. to do 的主语从句结构，并且了解不同国家的习俗及社交场合应该做的事情。本单元的文化知识比较丰富，学生将会在了解各国文化背景、礼仪习俗的基础上，提升跨文化意识，在不同场合下表现得大方、得体。九年级的学生进入下学期，马上就要经历中考的洗礼，完成九年义务教育。他们中的一部分学生将会升入普通高中，接受进一步的中等教育；一部分学生将进入职业技术学校接受相关职业方面的教育；还有少部分学生一毕业就要步入社会，步入职场。不管怎样，毕业后的他们都将走向新的人生、面对新的人群。因此，在与人打交道时，明白应该怎样做和不应该怎样做，能够培养自己的习惯，同时也尊重他人的礼节，就显得尤为重要。

本单元的教材向学生展现了中国、日本、泰国、美国、西班牙、法国等不同国家的不同礼仪，如初次见面打招呼的方式——中国人是握手问候，泰国人

双手合十，日本人鞠躬，西班牙人贴脸，美国人挥手或握手，等等；去朋友家共进晚餐的注意事项包括衣着（dress code）、到达时间（attending time）、餐桌礼仪（table manners）等。这些礼仪都用了大篇幅的内容进行介绍，涉及新课导入、听力、对话以及阅读等不同类型的展现方式，目的是加强学生对此类礼仪的印象和重视。教师应当把握好这些资源和学生一起进行礼仪的学习以及听力、阅读的训练。

针对学生在口语（speaking）和自我表达（self-expression）训练上的不足，在本单元的教学中，可以从教材附带提到的进会议室、生日、送礼等方面的礼仪展开，补充各种场合下的时间观念、网络时代信息沟通的礼仪要求（包括发送时间和措辞）、尊重个人的隐私、送礼的恰当性等礼仪常识。例如送礼，无论是场合还是对象，都十分讲究（propriety）。好朋友的生日，送礼的时候可以说一些夸张幽默的语言，但如果是长辈则需要考虑恭敬性。给不同国家的人送礼也要考虑文化差异，一束有着"百年好合"寓意的百合花，在法国则代表着死亡。教师既可以在课堂中进行语言点和词汇量的拓展，也可以提供讨论主题，让学生课后通过分小组讨论、网上查询、多人补充的方式让全班进行课题研究（project），然后在课堂上以小组为单位进行全班的presentation，最后由教师整理学生的presentation的信息点、观点和句式，下发给学生，要求学生进行积累。这一系列活动，以教材为依托，发散开来，既培养了学生的兴趣，补充了英语知识；又训练了学生的思维，开阔了他们的视野，充分调动了学生主动探索的积极性，为他们以后的终身学习打下了坚实的基础。

除了英语知识的学习，这也是一堂社会交际的课。学生经过学习，应当明白在交际中，不仅要了解中华优秀传统文化，也要有跨文化的意识。老祖宗留下的好东西不能丢，但是也应当解放思想，放眼世界，做一只跳出井底的"蛙"，理解文化与文化之间的异同，培养跨文化的技能，在与具有不同文化背景的人们进行交往时，能使用各种有效的策略，从而进行得体的交际；在和本国人正常交际的基础上，拥有跨文化的意识，思想观念不僵化，对学习其他文化和跨文化交往怀有好奇与开放的态度，以客观和移情的态度看待自己的文化与其他文化。

同时，这也是一堂思想品德课。九年级的学生处于心智快速成长的时期，此时他们的世界观、人生观、价值观还未成熟，优秀的课堂教学能够起到引导学生塑造正确三观的作用。"包容"二字自古是中国的大国气质之一，深深烙印在每一个华夏儿女的血脉中。遇到差异和分歧，要学会求同存异，克服带有偏见的盲目自信和全盘否定的盲目崇拜。要让学生明白，文化差异有其客观存在意义，每个人都会有不同的想法。文化在交流中进步，尊重文化差异才能更好地达到交流的目的；认识到不同民族、种族和文化群体平等的地位，倡导文化平等，消除种族歧视。正所谓：各美其美，美人之美，美美与共，天下大同。

心怀梦想，处处阳光

——以九年级Unit 11 *Sad movies make me cry.* 为例

笑，就是阳光，它能消除人们脸上的冬色。

——雨 果

笔者一直有个小疑问，不知道这个单元为什么会起这个名字。每次学到这个单元，学生都会很自然地从这个题目中想到那些让他们伤心难过的电影、书籍和事情，上课的时候他们讨论的话题也离不开那些忧伤的情节和画面。要是能够改成"Funny movies make me laugh."该多好，上课时一片欢乐，周末说不定还可以看一场喜剧电影，高高兴兴、开开心心。

现在的学生每天从早到晚，不是上课就是做作业，周末还要去参加补习班，学习压力巨大，父母师长每天都紧张兮兮地盯着学生的成绩。卷面上的分数是最灵的"天气预报"：成绩好了，家里一片欢乐祥和，岁月静好；成绩差了，马上疾风骤雨，电闪雷鸣。哪有笔者小时候好，一天6节课，下午4点多就放学了，然后几个同学一起去田野里发疯撒欢，直到太阳落山才依依不舍地回家。小时候，笔者从来没有听说过有哪位同学焦虑、抑郁、失眠。但是现在不一样了，心理问题在学生中频繁发生。笔者班上就有一个同学小L因为重度抑郁而出现自残行为，班主任一再交代笔者，千万不要给小L同学太大的压力，希望笔者多开导开导她。

因此，教到这一单元，笔者心下特别踌躇，生怕笔者或者其他同学的言语中有不当的言辞会刺激到小L同学，让她想起什么伤心事，不但全体教师对她的悉心引导全都白费，而且说不定她还会再次做出极端的事情来。因此，笔者需要想想办法怎样才能更好地上完这节课。

谁要是想着将来，就有生活的意义和目的。

——赫 塞

是什么，在阳光的心灵上洒下阴影；是什么，在稚嫩的脸庞上刻下沟壑。九年级学生正处于人生中最美好的时光，这个时候正是发芽的季节，是做梦的时候，是最无忧无虑的年华，是他们长大后每每回忆的起点。忧郁，本不该是初中学生的人生色彩。他们的色彩应该是热烈的、朝气蓬勃的、热情迸发的。

笔者是一名教师，是一个园丁，每天都盼望着这些小幼苗茁壮成长。十几年来的教育经历，让笔者逐渐明白一个事实：学生的忧郁，表面看来自外部压力，其实更重要的原因是他们缺乏做梦的能力。

每一个人都会伤心难过，都会遇到挫折，但是如果一个人拥有做梦的能力，他就会想到眼前的不如意都是暂时的，只要执着前行，美好的明天一定会到来。今天虽然有遗憾，但是明天一定会更好，这就是人乐观的源泉所在。家长过于看重学生的当下，着眼于当前的成败得失，甚至根据当下的成绩判断学生的优劣好坏，扼杀了学生做梦的权利，这就使学生也只能看到当下。一些教师在引导学生学习的过程中，也甚少着眼于未来，间接削弱了学生做梦的能力。

因此，这一个单元的课，笔者要与学生一起立足当下，畅想未来。笔者要告诉学生：心有多高，梦有多远；只要梦想在，脚下的沟沟壑壑不能拦住追梦的步伐。

我相信，如果怀着愉快的心情谈起悲伤的事情，悲伤就会烟消云散。

——高尔基

回到这一单元，课题是 *Sad movies make me cry*.语言知识目标很简单，就是用被动语态谈论和表达自己的情绪情感。教师常常引导学生列举那些令自己nervous、relaxed、happy、sad、crying的事情。至于他们列举的具体事例是什么，会对他们的心理产生怎样的影响，教师一般是不关注的。教师的着眼点往往只在学生运用被动语态的熟练程度，他们是否掌握了make sb. adj.的句型，他们是否记住了表达情绪情感的单词，等等。

事实上，如果细心观察，就会发现，乐观的学生举例子，往往都从正面去寻找；而悲观的学生举例子，则往往都从阴影处寻找。在他们搜集、分享和讨论这些例子的过程中，语言学习固然能够分散一点注意力，但是例子本身的内容对他们潜移默化的影响是不容忽视的。英语教师虽然不是心理教师，但是同样承担着立德树人的重任，通过课程教学去引导学生，培养学生乐观积极的心态也是责无旁贷的。如何引导学生畅想未来、分享梦想则是笔者关注的重点。为了达到这一目的，笔者策划了以下步骤。

1. 写写自己的梦想

设计表格，让学生畅想自己的梦想（梦想不同于理想，梦想可以高于理想），要求学生说明为什么会有这样的梦想，在梦想的场景中，是什么令自己感到特别快乐，预计可能遇到什么困难，将如何克服它们。学生需要填写表1。

表1　畅想梦想

我的梦想 My Dream					
想象在你的梦想中，最令你 感到快乐的五个场景 What makes me happy					
你可能遇到什么困难 Possible difficulties					
你将如何克服它们 How will you overcome them					

2. 列举现实生活中令自己难过和开心的事情

对照自己的梦想，说说哪些符合自己的梦想，哪些属于预料之外，包括 What makes me happy、What makes me sad、What makes me laugh、What makes me cry，每项内容写两条，每一条需要单独写在一张小纸条上，要求上课前准备好，带到教室里。填写的时候要注意，必须按照指定的句型来写。

3. 分享和交流生活中的那些事儿

上课前，笔者准备好了两个箱子：一个箱子贴着哭脸，另一个贴着笑脸。每个学生在上课开始前匿名把自己写好的两张小纸条放入对应的箱子里，摇晃之后，每个人再从两个箱子里面随机抽出两张小纸条，看看别人会为何而哭，为何而笑。学生拿到小纸条以后，回到各自座位，然后在组内大声说出纸条的内容，针对纸条中所说的伤心哭泣的事情，写一句开导和鼓励的话；对纸条中所说的开怀大笑的事情，写下自己的所想。

4. 分享自己的梦想

学生根据所填写的表1的内容，跟同伴分享自己的梦想，要详细说说在自己的梦想中那些令自己开心的事情，可以补充一些细节，然后再说说自己打算如何克服可能遇到的困难，最后对照自己的梦想，想一想刚才在小纸条上列出的问题，自己如何才能战胜它们。

5. 教师点评和升华

经过前面的步骤，学生对于make sb. adj.这个句型已经掌握了，接下来笔者利用5分钟的时间，在总结语言知识目标的基础上，简单点评学生的发言，并跟学生谈谈梦想，聊聊人生，引导学生眼光向前看，学会做梦，在征得学生同意的前提下，把学生填写的梦想表格张贴到教室里。

经过整个单元的教学，笔者明显感觉到跟往年不一样的气氛。往年学到这个地方，多多少少有点不太开心，个别学生分享的话题比较沉重，而笔者也没有过多引导和升华就过去了，过后总是心下不安。这一次则完全不一样，学生分享梦想中快乐的事情的时候，整个教室充满了欢声笑语；即便是学生分享不开心的事情时，也因为有了别人的鼓励，变得没有那么沉重，有些精彩的鼓励的话语还赢得了全班同学的热烈掌声。小L同学的脸上也出现了久违的笑容。

当生活像一首歌那样轻快流畅时，笑颜常开乃易事；而在一切事都不妙时仍能微笑的人，才活得有价值。

——威尔科克斯

短短的一堂课能起到的作用非常有限，但是如果笔者持续这样做下去，学生一定会在潜移默化中受到感染，得到熏陶，开始畅想未来，追寻梦想从而变得更加阳光快乐。那些小小的不开心，也会一扫而空。阳光照进心底，化作灿烂笑容。

花儿因为有一个美丽绽放的梦想，所以才含苞带露；苍鹰因为有一个翱翔长空的梦想，所以才奋力搏击。人也一样，只要心中有梦，脚下就一定能够走出一条路来。有人说，没有比人更高的山，没有比脚更长的路，我们之所以能够在历尽艰险之时，仍然能够坚持跋涉，正是因为心中燃烧的梦想给我们提供了无穷的能量。

愿梦想引领你们前行。加油吧，小伙伴！

千磨万击还坚劲，任尔东西南北风

——以九年级Unit 12 *Life is full of the unexpected.* 为例

每次到这一单元，都特别有意思。生活中处处有出人意料的事情，在课堂分享的时候，有的学生说"人生处处有惊悚"，有的学生说"人生处处有惊喜"，有的段子令人捧腹，也有的段子令人难过。但是多数学生在生活未能按照自己预想的节奏运行时的表现还是令笔者感到意外的。这恐怕就是*Life is full of the unexpected.*的一个例证吧！

这一单元的话题是*Life is full of the unexpected.* 教师不妨跟学生好好聊一聊。

一、人生何来剧本，曲径方可通幽

正如本单元的话题一样，生活哪能事事如意。引导学生正确面对生活中的各种不如意、各种意料之外的事情，是立德树人的重要使命。在这一单元的教学中，语言语法教学目标除了本单元涉及的单词以外，还要求组织和引导学生通过讨论生活中各种意想不到的事情，让他们学会用when/by the time引导的时间状语从句，用"had+动词过去分词形式"谈论过去的事情。学生具体谈论什么事情，笔者当然无法预设，但是笔者希望引导学生用正确的态度去看待这些意外之事，从而建立起抗挫折能力。

一个人的抗挫折能力从哪里来？有人说，是从人的阅历、人的经验中来，但对于教育来说，不可能等待学生从他们人生的经验中去慢慢摸索，教师需要用教育的智慧去引领他们学会抗挫。阅历和经验只是素材，素材的堆积并不能够直接变成一篇精彩的文章，还需要人主动去剪裁、去处理，才能变成真正的佳作。这样的技能，才是让人变得强大的关键。

笔者需要给学生两把"剪刀"，去剪裁人生的素材。第一把是前面在学到Unit 11时笔者说过的做梦的能力，第二把是要让学生明白冬至阳生、否极泰来的人生至理。第一把已经制作好了，这一单元我们来打磨第二把。因此，在这一单元的学习中，笔者重点做了以下几项工作：

一是，收集和整理有关"峰回路转""出乎意料"的古诗，并要求学生尝试去翻译。翻译的时候可以参考网络资源，也可以问一问其他人。每个人收集至少三句，翻译成英文之后，分批张贴到教室的后面（每天一个组，一连贴一个多星期）。这些诗句是很难翻译的，哪怕是教师也未必能够胜任，但是翻译这些诗句是非常好玩的事情，能够大大提高学生的兴趣。下面是学生收集到的部分资料：

安知清流转，偶与前山通

　　　　　　　　——《蓝田山石门精舍》（唐·王维）。

青山缭绕疑无路，忽见千帆隐映来

　　　　　　　　　——《江上》（宋·王安石）。

千岩万转路不定，迷花倚石忽已暝

　　　　　　　　——《梦游天姥吟留别》（唐·李白）。

长恨春归无觅处，不知转入此中来

　　　　　　　　　——《大林寺桃花》（唐·白居易）。

沉舟侧畔千帆过，病树前头万木春

　　　　　　　——《酬乐天扬州初逢席上见赠》（唐·刘禹锡）。

踏破铁鞋无觅处，得来全不费工夫

　　　　　　　　　——《绝句》（宋·夏元鼎）。

旧时茅店社林边，路转溪桥忽见

　　　　　　　——《西江月·夜行黄沙道中》（宋·辛弃疾）。

山重水复疑无路，柳暗花明又一村

　　　　　　　　　——《游山西村》（宋·陆游）。

……

学生各显神通，翻译出来的结果五花八门，令人忍俊不禁。例如，"山重水复疑无路，柳暗花明又一村"这一句诗，有的学生翻译成"After crossing mountains one by one，I thought there was no road. But in the flowers，I found a new world."有的学生翻译成"The rolling mountains blocked the way ahead. Suddenly，between willows and flowers，I found a new village."还有的学生诗兴大发，进行了二次创作："Behind the mountain，there is a mountain；Behind the new mountain，there is the end of my way. Behind the dark willows，there are bright flowers；Behind the bright flowers，there is a new village."当然，更多的是语义完全不通顺的翻译。这样一来，每天欣赏这些"佳作"，就成了笔者欢乐的源泉，一些神翻译成了学生的口头禅，却也让这些古诗深入人心。

二是，重温学生的梦想。这个很简单，只是要求学生把在Unit 11写就的梦想表格重新张贴到自己的座位上，并进行一个简单的优化和美化。

三是，帮助学生分析Unit 11的成绩，针对没有考好的学生，指导他们进行补救。笔者特别找了几个典型的学生，准备通过一段时间的帮扶之后，让他们考出一个"意外"的成绩出来，这样可以形成较大的影响力。这个过程需要注意，一定要收集他们平时努力学习的照片和其他证据，以便为后面的总结做好铺垫。

四是，在这一单元上课的时候，要求学生在列举生活中的不如意、意外之事时，一定要加上一句前面翻译过的古诗，如果后面加上反转的故事，将能获得加分。由于这一小小的改动，学生上课的时候个个都成了段子手，后面的反转往往令人捧腹，或者比故事本身更令人意外。古诗的加成，让学生学会了从另一个角度去看待这些不如意，他们逐渐体会到了"冬至阳生、否极泰来"的道理。

五是，在这一单元的测试结束后，将那几个进步明显的学生作为典型进行分析，通过他们依靠努力学习、勤于反思而获得进步的事实，让其他学生明白：挫折并不可怕，只要善于总结、不懈奋斗，挫折就可以成为前进的铺路石，为人生积累宝贵的财富。

整个单元的学习，学生始终非常快乐和充实，不但学习成绩有了进步，而且懂得了如何面对困难和挫折，他们脸上的笑容多了，班上的氛围也更好了，笔者自己也感到收获满满。

二、野火烧不尽，春风吹又生

学生们就像是一株株小幼苗，在春天吸取雨露，只为在夏天能够承受风雨；在秋天结出硕果，只为在冬天能够经历寒霜。雷霆雨露都是上天赐予的财富，善于用这笔财富去投资的人，终能成就充盈的人生。

走过山重水复的流年，经历春夏秋冬的洗礼，学生终究会明白：真正的成长不是赢输，而是跨越。人生是一趟旅程，一路走下来，有微风拂面、春雨润土的清晨，也会有骄阳似火、疾风骤雨的午后；每一次花谢，只不过是下一次花开的准备；每一次寒冬，只不过是下一个阳春的序幕。维持一颗向往美好的心，努力不辜负每一个风起尘落的日子。你眼中所见，不过是你心中所想。当你心怀未来，你就能看得更深、更远，永远保持着希望与憧憬，于风雨中看到那一道彩虹，于苍茫中看到那一抹绿草。

请不要惧怕黑暗，因为那意味着不远处就是光明。

向左还是向右

——以九年级Unit 13 *We're trying to save the earth!* 为例

一、空洞的言语

Unit 13的主题是讨论环保话题，笔者希望学生关注身边的环保事业，身体力行地去践行，从而增加认识。要想达到这样的教育效果，我们需要的不是save the earth，我们需要的是用实际行动去save our hometown、save our life，这样的教育既看得见，又摸得着，才是真教育。

2019年，年仅16岁的瑞典环保少女格蕾塔·桑伯格（Greta Thunberg）大出风头。在2019年9月23日美国纽约举行的联合国气候行动峰会上，格蕾塔当着世界各国领导人的面，指责政客们在环保气候问题上的不作为："你们已经用空洞的言语，偷走了我的梦想和童年。许多人在饱受痛苦，许多人奄奄一息，我们的生态系统正在崩溃，我们正站在大规模灭绝的开端，你们却还在谈钱和经济永远增长的童话！" "你们怎么敢这样！" 她成为世界瞩目的明星，当选为美国《时代》周刊2019年度人物，一时风光无限。然而她提出来的所谓措施，居然是号召中学生罢课抗议，号召各国停产停工，要求中国人不要用筷子，这些提议简直匪夷所思。她自己一日三餐都非常讲究，吃面包都只挑中间的吃，还随意丢弃食物，去美国参会还让赞助商从美国用飞机运送一条帆船到瑞典，她再乘坐帆船花费一个月的时间到达纽约，然后再把帆船用飞机运回去。这样的行为有多"环保"，如何"拯救地球"，笔者实在看不出来。有网友评论，这位环保少女大肆宣传，但对地球的影响恐怕还不如我们国家陕北一位老农默默无闻地种下一棵树。她批评各国政要"空洞的言语"，在笔者看来她自己的话更像是"空洞的言语"。教师需要培养学生的环保意识，但不能仅仅有意识，更重要的是培养他们环保的习惯，要落实到行动上。因此，笔者需要可见、可行的环保教育。

二、扎实的行动

笔者工作的学校位于珠三角的一个乡镇，附近有大量的小工厂、小作坊，污染现象曾经随处可见。其中有一个村以电子产业、漂染产业和颜料产业为主，排放了大量的污染气体，一些不良企业还偷偷地向河里排放污水，导致这里的水污染特别严重。以前做班主任的时候，笔者去做过几次家访，一进入村口，就能闻到空气中弥漫着的一股恶臭，令人作呕。因此这个村虽然经济产出比较高，但是村里面却看不到几栋商业楼，因为大家都不愿意住在这里。村办幼儿园的园长向，笔者诉苦，说招不到教师和学生，年轻教师受不了，不愿意来；家长也怕这里的空气不利于孩子的健康，不愿意把孩子送过来上学，宁可到更远的地方去上幼儿园。后来这里成了省环保厅的督办对象，明察暗访不断，广东电视台也多次报道，查办了一些违法排污的企业，镇领导还因此受到了处分。经过几年的集中整治，现在情况已经大为好转，虽然还是看不到商业楼，但是空气中的恶臭已经消失了，河里的黑水已经不见了，老百姓的信心又开始恢复了。上面提到的幼儿园，2018年扩建了一栋教学楼，学位还是供不应求。除此之外，这个乡镇还发起了大规模的"美丽乡村"行动计划，重建了污水处理厂，规范了垃圾处理，整治了河流两岸，修桥修路，大搞绿化，效果非常明显，以前那种随处可见的脏乱差现在已经很难再见到了，取而代之的是一河两岸，小桥流水，比以前好多了。

这些都是发生在学生身边的事情，学生是亲身经历过的，笔者想他们一定会有所感触。虽然谈不上拯救了地球，却实实在在地让生活环境发生了变化。用学生身边的案例去教育学生，引导和鼓励学生身体力行地保护环境、改善环境，可比空洞地说教强。因此，这个单元的教学，笔者认为要由近到远、由小到大，从学生身边说起，从点滴小事做起，引导学生了解我们正在做的事情，知道怎样参与其中，并把工作做得更好。

三、可见的教育

除了一些新单词，Unit 13并没有新的语法知识点，更像是一般过去时、现在进行时、被动语法、used to结构等语法知识的综合运用，让学生使用上述语法知识去讨论环保话题。因此，这个单元对于教师来说，腾挪发挥的空间是比较大的，毕竟没有太大的语言语法教学压力。

教师需要把环保教育从天上拉到地上，从远方拉到身边。为了达到这一目的，笔者设计了以下几项教学活动。

（1）提前要求学生了解所在村和社区的环境，包括过去、现在，畅想未来。要求填写表格，提供照片，每张照片附上说明，尽量对同一个点提供前后对比的照片。至于对未来的设想，可以提供手绘的图片，并附上文字说明。列举的点可以包括河流、村道、垃圾处理、空气质量、村民家庭居住环境等，需要按照给定的句式来写说明文字（表1）。

表1 环境对比

Place	Time		
	Past	Present	Future
Our village	We used to... It was / They were...	We are... It is... They're...	We're trying to... We can/will...

笔者在教室后面设计了一个专栏，用来分批张贴学生提供的照片或图画，每天更新一次，这样学生每天都会围在照片前面讨论各个村和社区环境的前后对比。由于有切身的感受，他们讨论起来特别热烈，往往会把不同的村和社区进行比较，讨论如何才能做得更好。

（2）上网查找我国在植树造林方面所做的工作，要求找出一些数据和照片，并附上英文说明，组长负责汇总。中华人民共和国成立以来，北方一直在植树造林，形成了地球上最大的人造森林，全世界最近20年来新增森林数量的80%都在中国，这些默默无闻的造林英雄为改善地球环境做出了巨大的贡献。相关的照片和数据是非常震撼人心的，在网上很容易查到，笔者在上课的时候每天都会公布一个学生的小组查阅结果和他们撰写的英文说明，不用评比，只做交流，但是学生很专注。

（3）上网了解阿里巴巴"蚂蚁森林"公益项目，调查一下自己的亲友中有多少人参与了这个项目。得到联合国盛赞的阿里巴巴"蚂蚁森林"公益项目被称为世界环保事业中的"中国版本"。网民们在支付宝里面像玩游戏那样，种一棵虚拟的树。网民每在手机里种成一棵树，支付宝就会与合作伙伴——阿拉善基金会一起，在沙漠里种上一棵真正的树，用来防风固沙，绿化环境，中国有几亿人参与其中，每天种成五六万棵树。换句话说，平均每天会有五六万棵树在我国的沙漠地带被逐步种植。这是一种我们每个人都能够轻松参与其中却又功德无量的环保事业。学生需要去了解这个项目的由来、做法以及取得的成绩，并调查有多少亲友参与其中。笔者会在上课的时候介绍这个项目，并公布学生的调查结果。

（4）要求学生调查和了解身边常见的不环保现象，每个现象需要说明人们是怎么做的，会带来什么样的影响，正确的做法应该是怎样的等。虽然我们的环境在改善，但是由于一些根深蒂固的陋习难以改变，我们身边还有一些有违环保的行为，如随地吐痰、浪费食物、乱丢垃圾等。每个学生需要列举5条相关的行为或现象，并填写好以下表格（表2）。

表2 不环保的行为

Serial number	Bad behaviours	Bad effects	Good behaviours
1			
2			
3			
4			
5			

这个表格用于在组内交流，最后分组进行汇报。

（5）谈谈为了环保，我们应该怎么做。学生需要列举5条值得鼓励且可以做到的行为，并要求提供示范或证据，最好能拍照说明应该怎么做。例如，垃圾分类，学生需要拍照说明如何进行分类。学生完成以后，分组张贴在教室后面。每个学生需要从大家张贴的照片中选择5个进行签名，表示支持，获得支持率最高的10张照片将被补充到班规中去。这里之所以要求学生拍照片，就是要避免学生空谈，提一些自己做不到或者不愿意去做的事情。由于最后要成为班规，所以学生都很认真地去准备素材，去签名支持，在这个过程中，他们有很大的收获。

在完成上述任务后，笔者会在课堂上进行小结和升华，既归纳了知识点，又回顾了环保话题，鼓励学生用实际行动去践行环保班规，事实证明效果很好。

四、可见的行为

学完这一单元后，笔者特意去饭堂留意了一下笔者班级学生的就餐情况，笔者看到学生浪费的情况有所改变，特别是一些女生在打饭的时候，会主动跟饭堂阿姨说："少打一点饭菜，我吃不了那么多，不要浪费了。"学生在吃晚饭、离开餐桌前，会有意识地清理一下桌面。这些都是我们的环保班规，虽然微不足道，但是积少成多、集腋成裘，只要大家都去做，一定可以使我们的环境得到改善。

有道是光说不练假把式，脚踏实地真功夫。我们需要的不是空洞的言语，而是扎实的行动。这是环保的要求，也是教育的初衷。

曾经，我们的天是蓝的，水是甜的。白云在山顶上萦绕，飞鸟在丛林中欢叫，我们在绿茵上远足，在溪流中嬉戏。为了生活，为了发展，我们错误地用黑笔在蓝天上涂抹，用钢刀在大地上切割，直到满目疮痍、面目全非，我们才醒悟过来：我们为美好生活而来，却奔苦堪世界而去。我们走得太远，以致忘了出发的目的。发展和环保不是对立的，我们不需纠结向左还是向右，我们只需执着向前。

当早晨第一缕阳光悄悄洒落校园时，一声声悦耳动听的鸟鸣在耳边萦绕，笔者漫步在学校美丽的绿荫下，呼吸着早晨清甜的空气，看着朝气蓬勃的学生有说有笑、蹦蹦跳跳地走进校门，一切是那么美好，值得我们每一个人用心去呵护。

现实笃定，未来可期

——以九年级Unit 14 *I remember meeting all of you in Grade 7.* 为例

《国家中长期教育改革和发展规划纲要（2010—2020年）》提出："建立学生发展指导制度，加强对学生的理想、心理、学业等方面的指导"，即在学校的教学、管理两项基本职能之外，特别加入发展职能。学生发展涵盖了生活、生涯与生命主题的发展，认知以及相关能力素质的提升，其实是对生涯内涵的强调。就生涯本身的内涵而言，已经含有生命、生活的内容。职业生涯规划教育在国外一些发达国家，如美国、英国、加拿大、日本等各级同类学校中得到普遍认可和广泛开展，而在我国基础教育阶段可以说是个空白。

Unit 14是九年级最后一个单元，主题是回忆过去和展望未来，围绕"毕业回顾与展望"展开话题。Section A通过听说活动引导学生对初中三年难忘的生活"回忆往昔、分享经历"，复习过去时和完成时态及新句型I remember doing；Section B引导学生珍惜初中生活的点滴，培养对高中、对未来生活的憧憬，树立远大的人生目标。此前学生已经掌握了介绍自己特长与爱好、表达愿望与梦想的基本词汇与句型，相关话题的教学活动很容易引起学生的共鸣，顺利进入话题的讨论。九年级学生的身体外表出现了显著的变化，对自我形象格外关注，自主意识增强，具备了一定的自我教育能力，但缺乏相应环境的磨砺，难以真正获知自我兴趣。美国著名职业生涯规划大师舒伯的职业生涯理论告诉我们，初中生正处在职业生涯成长阶段的能力期与探索阶段的试探期。他们以自我发展、综合认识和考虑自己的兴趣、对未来职业进行尝试性选择为主要任务。初中毕业是人生的一个里程碑，也是思想教育的关键时刻。因此，笔者尝试在本单元的英语教学中渗透职业生涯规划教育。

193

职业规划探索第一步：词汇"风暴"游戏，了解职业规划考虑的要素。笔者设置了学生职业探索相关词汇思维导图，课堂上开展小组竞赛，引导学生分组利用"头脑风暴"完成相关的词汇大集合，在规定时间里写出词汇最多的小组为胜。通过游戏，复习回顾讨论了职业规划所需的词汇，为下面环节的讨论准备好语言材料。另外，图1也直观地向学生展示了影响职业规划四个因素：favorite subject、personality、hobby、speciality。

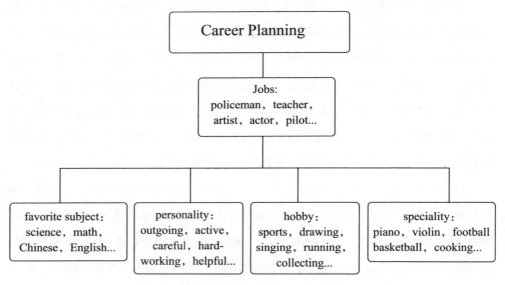

图1　直观地向学生展示职业规划主要的四个方面

职业规划探索第二步：明确自我的兴趣特长，播种职业规划的种子。我设计了以下调查表（表1），让小组成员之间互相讨论问答，展开调查。

表1　调查表

Name	Personality	Favorite subject	Interest/hobby	Ability/Speciality	Hope to be

通过调查活动，学生逐渐认识自我——潜能发展、自己的兴趣、爱好与特长等，引导学生对自己的职业生涯进行思考，激起他们的职业规划兴趣。调查结束后，笔者要求学生根据自己的信息，完成一篇*My Career Planning*的作文，择优在班里举行"我的精彩，自己决定"（I make my own future）的英语演讲比赛。这样，既有助于激发学生的学习热情，又有助于学生深化对专业和职业的认识，从而更科学、更合理地规划学业，以及对未来发展进行审慎思考。这样职业的种子就会慢慢地在他们的心里萌芽……

职业规划探索第三步：感受榜样的力量，形成正确的职业价值观。中学生对未来迷茫的一个主要原因是自我目标缺失，即缺少人生定位，没有榜样人物引领。笔者选取了几篇介绍不同行业佼佼者的课外阅读材料让学生阅读，感知不同职业的特点，了解不同职业对从业者的性格、素质等方面的要求，帮助学生形成正确的价值观和积极的人生态度。同时补充社会不同行业翘楚的事迹，如被誉为"生命摆渡人""最美快递员"的汪勇，在疫情期间，他以一个快递员的身份，撬动了武汉医护人员的整条后勤保障线。微信之父张小龙，满足了人们的社交需求，每天有450亿次消息在微信内被发送，有4.1亿音、视频在微信内通话成功，稳做国内社交APP的"头把交椅"。护林员艾力·尼亚孜和他的100多位同事，熬过多少个孤寂的漫漫长夜，凭借让"天堑变通途"的毅力，让塔克拉玛干沙漠边缘萌生出一派湖泽清澈、绿树依依的江南景象。"国宝"级专家钟南山院士，17年前奋战在抗击"非典"第一线，2020年，84岁高龄的他再战防疫最前线，有院士的专业，有战士的勇猛，更有国士的担当。"人民教育家"于漪从教68年，从一名普通教师成长为共和国的人民教育家，她"一辈子做教师，一辈子学做教师"；她"用生命在歌唱，用生命在实践"，开了2000堂公开课，其中近50堂课已成为教师教学研究和培训的经典。这些来自各行各业的不平凡榜样，生动诠释了职业无高低贵贱之分，有热爱、有信仰，不计得失、不辞辛劳，将服务他人和社会视为己任，就能用纯朴的心灵创造出温暖的光和热。

职业规划探索第四步：丰富社会实践活动，获取真实职业体验。笔者设计了形式多样的社会实践活动，让学生进行融入式生涯教育，学生自主选择自己感兴趣的职业，有同类兴趣的学生可以构建成同一个小组，寻找身边成功的专业人士进行调查采访，了解所学的知识和技能如何帮助他们在学术与工作中取得成功。例如，对教育感兴趣的，可以采访当地名校长或名教师，让他们谈谈对教育生涯的体会；对IT技术感兴趣的小组，可以采访IT工程师，了解该职业的特征、现状与未来……最后写成简单的调查报告展示交流。在调查和采访时，要求学生将学科和职业结合起来，尽可能地了解职业的特点、学科在工作中的作用和个人经历。学生在调查中可以采用以下问题：

What do you usually do every day?

Does your job have anything to do with the subjects you learned at school?

What do you think can make you proud or happy in your job?

What makes you become interested in this field?

What skills are most helpful for your job?

What influences your career choice?

What advice would you give to others that are considering your career path?

利用职业学校开放日带领学生观摩职业学校的成果汇报，参观本地综合性大学。学生走出校园，走进社会，开阔视野，拓展学习的平台；通过亲身观察体验，就不同专业的分类、职业的工作流程等问题与相关人员进行交流，了解他们真实的成长经历。通过参与这些活动，学生理解自身在社会角色中的地位和获得职业成功的途径与价值，对不同职业的职业特点和职业素养有了初步的认识，为自己的职业规划种子找到了适合的土壤。

英国作家哈伯德说：为把明天的工作做好，最好的准备是把今天的工作做好。对中学生进行职业生涯教育是为了加强学生对自我的了解，使学生觉察影响自我未来发展的因素，明确自我发展的目标和实现的途径，使他们有意识、有准备地融入社会。教师应当通过学科教学与生涯规划教育相互融合和渗透的方式，引导学生以"立足当下、着眼未来"的视野做好自己的生涯规划，实现自己的生命价值。

参考文献

［1］习近平.习近平谈治国理政：第3卷［M］.北京：外文出版社，2020.

［2］胡壮麟.语篇的衔接与连贯［M］.上海：上海外语教育出版社，1994.

［3］林崇德.学习与发展：中小学生心理能力发展与培养［M］.北京：北京师范大学出版社，1999.

［4］刘辰诞.教学篇章语言学［M］.上海：上海外语教育出版社，1999.

［5］中华人民共和国教育部.义务教育英语课程标准（2011年版）［M］.北京：北京师范大学出版社，2012.

［6］张献臣.英语学习［J］."热点·观点"栏目，2020（10）.

［7］刘道义.基础外语教育发展报告（1978—2008）［M］.上海：上海外语教育出版社，2008.